学科阅读推广工程

张彩霞 主编

少年观世界

④

本 册 主 编：关明春

本册副主编：吴育林

编 写 人 员：侯庆伟 张家昌 夏龙华

山东城市出版传媒集团·济南出版社

图书在版编目（CIP）数据

少年世界观. 4 / 张彩霞主编. —济南：济南出版社，
2018.1

ISBN 978 - 7 - 5488 - 2967 - 6

Ⅰ. ①少… Ⅱ. ①张… Ⅲ. ①青少年—道德修
养—研究—中国 Ⅳ. ①D432.62

中国版本图书馆 CIP 数据核字（2018）第 006323 号

出 版 人	崔　刚
项目策划	周家亮
责任编辑	李钰欣
封面设计	胡大伟
出版发行	济南出版社
地　　址	山东省济南市二环南路 1 号（250002）
发行热线	0531 - 86922073（省内）　0531 - 67817923（省外）
印　　刷	肥城新华印刷有限公司
版　　次	2018 年 1 月第 1 版
印　　次	2018 年 4 月第 1 次印刷
成品尺寸	170 mm×240 mm　16 开
印　　张	8.75
字　　数	137 千字
定　　价	32.00 元

（济南版图书，如有印装错误，请与出版社联系调换。联系电话:0531 - 86131736）

前　言

在国家重视立德树人、培养学生核心素养的新时代，如何提高学生的道德与法治学科素养呢？我们经过广泛深入的调查研究，以社会主义核心价值观为指导，秉持道德和法治让生活更美好的理念，基于课程标准和《青少年法治教育大纲》要求，立足于初中《道德与法治》教材内容，围绕学生成长中需要解决的问题，组织骨干教师和学科教研带头人编写了《少年世界观》丛书，旨在通过一篇篇意味深长的文章、一个个生动的故事，实现学科与生活的融合、学科与学科的贯通、课内与课外的衔接，力求拓宽学生阅读视野，丰富学生生活体验，提高道德与法治学科思维能力，帮助学生系好人生的第一粒扣子，培养有良好品德、有健全人格、有法治意识、有家国情怀的阳光少年。

《少年世界观》丛书作为道德与法治学科素养拓展读本，从学生的生活实际出发，直面他们成长中遇到的问题，引领学生过积极健康的生活，坚持思想性，彰显人文性，注重实践性，体现综合性。所选内容既有名家精心打造的经典之作，也有体现时代主题的热点文章；既有注重理论内涵的深度剖析，又有注重实践运用的方法指导；既重视中华优秀传统文化的有机融入，又不乏其他国家优秀文化的借鉴使用。回归生活，讲好故事，启发思维，提高素养，是本套丛书编写的基本特色。

本套丛书分为道德、心理、法治、国情四册。本册为国情篇，以培养家国情怀为重点，设置了中华民族伟大复兴中国梦、全面深化改革、全国"两会"、"一带一路"、民族团结、生态文明、创业创新、优秀传统文化、人类命运共同体等一系列阅读专题，通过时代背景、时政之窗、生活观察、深度思考等栏目，引导学生正确认识国情和国策，认同中华人民共和国、中华民族、中华文化，坚定中国特色社会主义理想信念，从而发展政治认同素养，做有理想、有信仰的新时代少年。

未有我之先，家国已在焉；没有我之后，家国仍永存。多少沧桑付流水，常念家国在心怀。亲爱的同学们，让我们在奔腾不息的时代洪流中，为国家和社会奉献自己的青春和智慧，创造美好生活，成就出彩人生！

目 录

一　经济成分"八宝饭"

有人形象地把我国多种所有制经济并存的经济现象比作"八宝饭"：糯米是主要成分，没有糯米不是八宝饭；但糯米并不就是八宝饭，还有红枣、莲子、核桃、花生、红豆、砂糖等其他成分，只有把糯米和其他成分组合在一起并以糯米为主才是八宝饭。

"八宝饭"指我国的基本经济制度，"糯米"代表的是公有制经济，"红枣、莲子、核桃、花生、红豆、砂糖等"代表的是非公有制经济。公有制经济在我国经济成分中占主体地位，非公有制经济是社会主义市场经济的重要组成部分，"只有把糯米和其他成分组合在一起并以糯米为主才是八宝饭"，意味着公有制经济和非公有制经济要在市场经济中和平相处、平等竞争、相互促进。

改革开放以来，中国从一个积贫积弱的国家成长为世界第二大经济体，我国的国有企业参与市场竞争力明显增强，同时非公有制经济得到飞速发展。我国公有制经济和非公有制经济的发展壮大，不仅为社会创造和积累了丰厚的物质基础，而且在改善和提高人民群众生活水平方面发挥了重要作用。

时代背景 ★★★★

我国第一个个体户的诞生

1980 年年初，改革开放的总设计师邓小平指出，20 世纪 80 年代我们要

中国第一个个体工商户章华妹

做三件大事，核心是现代化建设。

在这样的核心指引下，中国人开始以一种新的姿势奔跑。在富庶的珠江三角洲，出现了"经济特区"的新概念，深圳、珠海、汕头和厦门甩开步子走上快速发展的道路。在"鱼米之乡"的长江三角洲，温州人领到了我国第一张盖着大红印章的个体户牌照，此后的近30年，温州人凭着敢为天下先的勇气，成为中国经济中的活跃因子。

温州市区最繁华的人民路上，车水马龙，商铺林立。对现在的温州人来说，经商早已成了生存的一种常态，但是在30多年前，温州和全国多数城市一样，做个"个体户"并不是件光鲜的事。

"说实话，那个时候个体户女孩子，连找对象都困难……"作为全国第一个个体工商户，温州人章华妹回忆起当年也是感慨万千。

迫于生计偷偷摆起小摊

1980年前后的温州，只有一条解放北路算是比较"繁华"的，一些沿街的居民自发地在家中卖一些日用小商品。

因为日子过得很窘迫，在一些街坊邻居的带动下，当时不过十八九岁的章华妹在家门口也摆了一张长凳，从过路推销的小商贩那里买一些纽扣之类的小商品摆着卖。

但是，这么简单的生意她也不得不提心吊胆，因为当时的温州设有专门打击投机倒把的办公室。年幼的章华妹一边守着几件小商品，一边还得时刻保持警觉，一有巡逻的人过来就马上关闭家里的大门，以免被查办。

这种生活让章华妹觉得"丢人"，但是靠着每笔只有几分钱的小买卖，一个月下来也能挣上十多元，这对于她来说是个小小的安慰。"那时候温州人的生活水平普遍低，普通学徒的工资也不过18元一个月，花1元钱去菜场买来的菜一家人就能开开心心吃上一天了，这样看来，我的收入算很不错了！"

急着领执照把身份"合法化"

"你们可以提出申请，领个营业执照，就可以大大方方做生意了！"1979年底的一个午后，章华妹接到了"领证"的通知。

"既然生意还是要做的，不如领个证，不会吃亏。"第二天上午，章华妹就早早起床，出发去工商所领取申请表。当时来领取表格的人只有两三个。章华妹却没想那么多，在填写"注册资本"一栏的时候，她根据实际情况写了150元。"现在看150元的注册费很少，但是那时候一个大学生毕业时，月工资也不过40元！"

1980年12月11日，翘首以盼的章华妹终于得到了通知：可以去领证

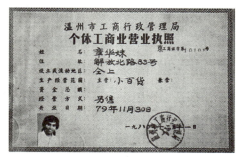

全国第一张个体工商业营业执照

了！她来到了工商所，一如 1979 年的情形，用门可罗雀来形容并不过分。章华妹仔细端详了这份期待了很久的营业执照——姓名：章华妹；地址：解放北路 83 号；生产经营范围：小百货；工商证字第 10101 号，还盖着一枚温州市工商行政管理局的鲜红印章。这也意味着她成了"全国第一个个体工商户"。

身边个体户如潮涌现

有了营业执照的章华妹，一心一意做起纽扣生意，后来她的纽扣店搬到了温州最繁华的人民路上。

1980 年的温州，似乎连空气也在发生着微妙的"化学变化"。在章华妹领到了中国第一张个体户营业执照后，整个温州乃至全国都在发生翻天覆地的变化。到 1981 年底，全国城镇个体工商户发展到 185 万户，从业人员 227 万人，比 1980 年的从业人员翻了一番多。

（作者：夏芬娟）

我国非公有制经济政策的演变

改革开放以来，我们党对非公有制经济的认识及相关政策的制定经历了一个从探索到完善的过程。从"必要补充""共同发展"到"社会主义市场经济的重要组成部分""社会生产力发展的重要力量"，党对非公有制经济的认识不断深化。

一、非公有制经济是公有制经济的必要补充

党的十一届三中全会后，非公有制经济开始得到恢复和发展。1981 年 6 月，党的十一届六中全会通过的《关于建国以来党的若干历史问题的决议》指出："国营经济和集体经济是我国基本的经济形式，一定范围的劳动者个体经济是公有制经济的必要补充，必须实行适合于各种经济成分的具体管理制度和分配制度。"

1982 年 12 月，全国人大五届五次

会议通过的《中华人民共和国宪法》第十一条明确规定："在法律规定范围内的城乡劳动者个体经济，是社会主义公有制经济的补充。"个体经济在社会主义经济制度中有了一席之地，并受到宪法保护，为以后其他非公有制经济积极发展奠定了基础。

1987年10月，党的十三大报告指出："以公有制为主体发展多种所有制经济，以至允许私营经济的存在与发展，都是由社会主义初级阶段生产力的实际状况决定的，只有这样做，才能促进生产力的发展。"从此，私营经济进入了新的发展阶段。

1988年4月，全国人大七届一次会议通过宪法修正案，确定了私营经济的法律地位和经济地位。宪法第十一条增加了"国家允许私营经济在法律规定的范围内存在和发展。私营经济是社会主义公有制经济的补充。国家保护私营经济的合法权利和利益，对私营经济实行引导、监督和管理"的条文。这样，非公有制经济的范畴扩展到"私营经济"。

二、非公有制经济是社会主义市场经济的重要组成部分

1992年10月，党的十四大明确了中国经济体制改革的目标是建立社会主义市场经济体制，并提出要以公有制包括全民所有制和集体所有制为主体，个体经济、私营经济、外资经济为补充，多种经济成分长期共同发展。

1997年9月，党的十五大报告明确指出："公有制为主体、多种所有制经济共同发展，是我国社会主义初级阶段的一项基本经济制度"，"非公有制经济是我国社会主义市场经济的重要组成部分。对个体、私营等非公有制经济要继续鼓励、引导，使之健康发展"。

1999年3月，全国人大九届二次会议通过的《中华人民共和国宪法修正案》将宪法第十一条修改为："在法律规定范围内的个体经济、私营经济等非公有制经济，是社会主义市场经济的重要组成部分。"这是国家根本大法对非公有制经济20年来生存发展及其贡献的充分肯定，标志着我国非公有制经济从社会主义公有制经济的补充地位，成为社会主义市场经济的重要组成部分，为非公有制经济的发展提供了制度保证。

2002年11月，党的十六大报告全面系统地阐述了党在新的历史时期发展公有制经济与非公有制经济的政策方针。报告指出，必须毫不动摇地巩固和发展公有制经济，必须毫不动摇鼓励、支持和引导非公有制经济发展，坚持公有制为主体，促进非公有制经济发展，

统一于社会主义现代化建设的进程中，不能把两者对立起来。这是我党关于非公有制经济理论成熟的重要标志。

2005 年 2 月，国务院下发了《关于鼓励支持和引导个体私营等非公有制经济发展的若干意见》，指出："改革开放以来，我国个体、私营等非公有制经济不断发展壮大，已经成为社会主义市场经济的重要组成部分和促进社会生产力发展的重要力量。"这是一部全面促进非公有制经济发展的重要的政策性文件，对于推动非公有制经济实现更快更好的发展，具有重要的现实意义。

2007 年 10 月，党的十七大报告指出："毫不动摇地巩固和发展公有制经济，毫不动摇地鼓励、支持、引导非公有制经济发展，坚持平等保护物权，形成各种所有制经济平等竞争、相互促进新格局。"

2012 年 11 月，党的十八大报告指出："毫不动摇地鼓励、支持、引导非公有制经济发展，保证各种所有制经济依法平等使用生产要素、公平参与市场竞争、同等受法律保护。"

2013 年 11 月，党的十八届三中全会通过的《中共中央关于全面深化改革若干重大问题的决定》进一步明确：公有制为主体、多种所有制经济共同发展的基本经济制度，是中国特色社会主义制度的重要支柱，也是社会主义市场经济体制的根基。公有制经济和非公有制经济都是社会主义市场经济的重要组成部分，都是我国经济社会发展的重要基础。必须毫不动摇巩固和发展公有制经济，坚持公有制主体地位，发挥国有经济主导作用，不断增强国有经济活力、控制力、影响力。必须毫不动摇鼓励、支持、引导非公有制经济发展，激发非公有制经济活力和创造力。

2014 年 10 月，党的十八届四中全会提出，健全以公平为核心原则的产权保护制度，加强对各种所有制经济组织和自然人财产权的保护，清理有违公平的法律法规条款。2015 年 10 月，党的十八届五中全会强调鼓励民营企业依法进入更多领域，引入非国有资本参与国有企业改革，更好激发非公有制经济活力和创造力。

2017 年 10 月，党的十九大报告指出："必须坚持和完善我国社会主义基本经济制度和分配制度，毫不动摇巩固和发展公有制经济，毫不动摇鼓励、支持、引导非公有制经济发展，使市场在资源配置中起决定性作用，更好发挥政府作用，推动新型工业化、信息化、城镇化、农业现代化同步发展，主动参与和推动经济全球化进程，发展更高层次的开放型经济，不断壮大我国经济实力和综合国力。"

可见，党对非公有制经济的鼓励、支持和引导的政策是一贯的并且不断加强的。长期以来，我国非公有制经济快速发展，在稳定增长、促进创新、增加就业、改善民生等方面发挥了越来越重要的地位和作用。未来要以习近平新时代中国特色社会主义经济思想为统领和指导，坚持和完善基本经济制度，促进公有制经济与非公有制经济协同发展。

（作者：钱胜；选自《中国经济60年道路、模式与发展：上海市社会科学界第七届学术年会文集》）

时政之窗

"两个毫不动摇"推助中国崛起

公有制与市场经济结合曾是世界性难题，所有制理论创新对于社会主义国家而言更需极大的政治勇气。提出并坚持"两个毫不动摇"，彰显了中国共产党人既实事求是又与时俱进的执政智慧，推助了社会主义中国举世瞩目的腾飞跨越。

解放和发展生产力是社会主义的本质要求。所有制结构理论的创新，究其实质，就是要促进生产力的发展。从1978年至2011年，我国的国内生产总值由3645亿元增长到471564亿元，年均增速不仅明显高于1953年至1978年间6.1%的速度，而且高于日本、韩国经济起飞阶段，这是"两个毫不动摇"带来的巨大活力，展现了我国基本经济制度的巨大优越性。

毫不动摇地巩固和发展公有制经济，毫不动摇地鼓励、支持和引导非公有制经济发展。"两个毫不动摇"之所以能激发活力、提升效率、发挥优势，就在于它尊重了我国社会主义初级阶段的基本国情，不搞单一公有化，也不搞全盘私有化，而是实行多元化、多样化、混合化，从而调动各方面积极性，发挥各方面优势，实现共同促进，共同发展。

一方面，我国是社会主义国家，坚持改革的社会主义方向，维护最广大人民的根本利益，就必须毫不动摇地巩固和发展公有制经济。正是坚持这个"毫不动摇"，我们果断调整国有经济战略布局,不断探索公有制的有效实现形式,通过改革重组和布局调整,公有制经济活力不断增强,国有资产总量不断增加。在关系国家安全和国民经济命脉的重要行业和关键领域,一大批富有活力的国有和国有控股企业脱颖而出,2011年公布的世界500强企业中,中央企业已有38家上榜;在战胜重大自然灾害和应对国际金融危机的过程中,公有制经济集中力量办大事的优势进一步凸显。如今,公有制经济已经成为自主创新"排头兵"、重大工程"顶梁柱"、社会责任"主心骨"、走出国门"探路者",主导作用和影响力得到充分发挥。

另一方面,在社会主义初级阶段,要充分调动各方面积极性、加快生产力发展,就必须毫不动摇地鼓励、支持和引导非公有制经济发展。正是坚持这个"毫不动摇",这些年来,非公有制经济不断发展壮大,不仅在培育市场体系、"倒逼"国企改革、完善市场体制等方面发挥了推动作用,而且在活跃市场、增加税收、扩大就业等方面,做出了重要贡献。改革开放以来,我国约有70%的技术创新、65%的国内发明专利和80%以上的新产品来自中小企业,其中95%以上是非公有制企业。从20世纪90年代中期以来,城镇新增就业岗位70%以上是由非公有制企业提供的,从农村转移出的劳动力70%以上也在非公有制企业就业。非公有制经济已经成为我国经济发展、科技创新、改革开放的生力军和扩大就业的主渠道。

考察一个国家所有制结构是否优越,关键要看是不是符合经济社会发展要求,是不是能够解放和发展社会生产力。始终坚持"两个毫不动摇",让公有制经济与非公有制经济在社会主义市场经济中相互公平竞争、发挥各自优势,共同推动生产力发展和现代化建设,我国基本经济制度必将在改革发展中展现更多生机活力,中国特色社会主义伟大事业必将在应对风险考验中不断发展壮大。

(选自《人民日报》2012年5月18日)

生活观察 ★★★★★

国企民企"联姻"实现互补共生

截至2017年底,我国已有超过2/3的中央企业引进了各类社会资本,半数以上的国有资本集中在公众化的上市公司。2018年2月7日,国资委邀请宝武钢铁集团、国药集团等多家国有企业现身说法,分享混合所有制改革的切身感受。国企民企携手发展,"过"得到底怎么样？

混改实现互补共生

苏州的盛科网络是一家由海外归国团队创立的网络交换芯片设计企业，虽然拥有一流的研发能力，却面临资金紧张、品牌知名度不高等问题，发展一度受阻。关键时刻，盛科网络迎来"事业合伙人"，央企中国电子集团以现金入股，回忆起这次"联姻"，中国电子总会计师李晓春认为双方最大的收益是互补共生："中国电子进去之后，解决了苏州盛科的两个短板，使这家公司迅速地发展起来。苏州盛科加入中国电子，也弥补了中国电子在网络信息安全核心领域的不足。选择合作伙伴一定要优势互补，相互促进、共同发展。"

像盛科网络与中国电子这样，混合所有制改革打破了企业在所有制身份上的纠结和界限，让各种所有制资本取长补短、相互促进。

其实，国企民企混改"联姻"的好处还有更多，改善了治理结构、拓展了业务领域、形成了溢出效应……改出了国有资本、非公资本融合发展的新优势。

混改完善现代企业制度

良好的公司治理是混合所有制企业的基石，比如国药集团，是世界500强，它的内部混合所有制企业高达660多家，占集团企业总数的90%以上，营业收入持续保持两位数增长。国药集团副总经理石晟怡说，混改不是谁控制谁、谁吃掉谁，而是以混改完善现代企业制度、提高资本运行效率。

石晟怡表示："国药集团的合作伙伴——各个民营股东本身都是这个行业的专家，他们在董事会上都能够充分发表自己的意见，充分发表对这个行业下一步发展的一些看法，我们在董事会上充分尊重每一位董事的意见。"

"联合舰队"出海打造闪亮中国名片

携手走出去，国企民企在国际市场，打造出一张张闪亮的中国名片。中国机械工业集团作为"走出去"的骨干企业，和民营企业组成的"联合舰队"，进入了"一带一路"沿线48个国家。中国机械工业集团总经理徐健说，国企民企之间不是"谁进谁退""此消彼长"，而是共同做大，"你进我也进"。"我们联合投标、联合投资，组建有竞争力的联合舰队，利用各自的优势来赢得市场。现在联合舰队已经承担和完成的项目有1200多个，我们自己已经中标的项目当中，利用采购和分包的形式带动民营企业走出去，就是让民营企业借船出海。"

通过这些案例，不难看出：公有制

经济和非公有制经济，国企和民企正共同汇聚起中国经济的巨大能量，共谋高质量发展的美好未来。

党的十九大报告强调，要毫不动摇巩固和发展公有制经济，毫不动摇鼓励、支持、引导非公有制经济发展。这是我国近年来明确并始终坚持的重大原则，也正在成为市场经济建设中的鲜活实践。

（作者：严红霞、丁华艳、牛萌；选自央广网 2018 年 2 月 8 日）

深度思考 ★★★★★

国企、民企，汇聚中国经济巨大能量

国产大飞机筑梦蓝天、"复兴号"完美首发、"蓝鲸一号"成功试采可燃冰——2017 年这些闪亮的成就，有着共同的标志：国企创造。这一过程中，民企也未缺席，融入供应链、提供零配

国产大飞机 C919

件，民企与国企一道分享"中国骄傲"的荣光。

被称作中国"新四大发明"的高铁、移动支付、共享单车、网购，除高铁外的 3 项，都是民营企业的创新之举。新业态快速崛起的背后，离不开通信国企从 3G 突破到 4G 并跑的有力支撑。快速普及的网络基础设施，为"互联网＋"提供了丰沃土壤。

"毫不动摇巩固和发展公有制经济，毫不动摇鼓励、支持、引导非公有制经济发展"，这一党中央始终坚持的重大原则，正成为社会主义市场经济建设中的壮丽实践。国企民企，竞争合作、优势互补、互利共赢，共同为中国经济加油。

一花独放不是春，百花齐放春满园。改革开放以来，我国逐步确立公有制为主体、多种所有制经济共同发展的基本经济制度，充分调动各方积极性，共同铸就中国经济的辉煌。

谋发展、促转型、增活力，国有企

业作为中国特色社会主义的重要物质基础和政治基础，中流砥柱作用日益突出。

规模更大

截至 2017 年底，全国国资监管系统企业资产总额达到 160.5 万亿元，比 2012 年底增长约一倍，上缴税费总额占全国财政收入 1/4，工业增加值占全国 GDP 的 1/5。其中，中央企业 2017 年实现利润 1.4 万亿元，创历史最好水平，98 家中央企业中利润总额过百亿元的达到 41 家。

竞争力更强

高扬自主创新的旗帜，国有企业在载人航天、探月工程、深海探测、高速铁路、特高压输变电、第四代移动通信等领域取得了一批具有世界先进水平的重大科技创新成果，彰显了国之重器的实力与担当。2017 年进入《财富》世界 500 强的企业，中国的国有企业达 67 家，并在前 5 名里占据 3 席。国有企业以骄人的业绩，演绎着"大象快跑的故事"。

肌体更健康

国有企业以建立健全产权清晰、权责明确、政企分开、管理科学的现代企业制度为方向，深化改革，治理结构更完善。到 2017 年底，中央企业集团层面基本完成公司制改革，各级子企业改制面达到 97.8%，绝大部分中央企业建立起规范的董事会。

"国有企业的户数在减少，但国有企业的活力、控制力、影响力一直在提高，已成长为壮大国家综合实力、保障经济稳中向好的重要力量。国有企业的出色表现充分说明，只要持之以恒地深化改革，坚定不移做强做优做大，国有企业完全可以搞好。"国务院国资委主任肖亚庆说。

如果把我国基本经济制度比作人的躯干，公有制经济如同骨骼，非公有制经济好似肌肉，二者共同汇聚起中国经济的巨大能量。

民营经济等非公有制经济由小到大、由弱到强，成为推动中国经济转型升级的有生力量。

发展势头更好

从党的十八大提出"保证各种所有制经济依法平等使用生产要素、公平参与市场竞争、同等受到法律保护"，到十八届三中全会提出"支持非公有制经济健康发展"，再到十九大明确"支持民营企业发展，激发各类市场主体活力"，民营企业转型发展的信心更足，不断迈上新台阶。目前民营经济占 GDP 比重、税收占全国税收比重、民间投资占全社会固定资产投资比重，都已超过一半。华为、阿里、联想、小米……一批民营企业崛起为世界级企业，唱响中国品牌。

活力创造力不断释放

打破各种"玻璃门""弹簧门""旋转门"，出台"鼓励社会投资 39 条""促进民间投资 26 条"等政策，构建亲清新型政商关系，为民营经济营造出更加公平、开放、宽松的环境，创新创造的源泉充分喷涌。目前，我国约 70% 的技术创新、65% 的国内发明专利和 80% 以上的新产品来自中小企业，其中 95% 以上是非公有制企业。过去 3 年，全国平均每天新增市场主体超过 4 万家，其中绝大多数是民营企业。

千帆竞发，百舸争流。"国有""民营"各领风骚，充分发挥优势，促进了经济社会发展，增强了综合国力，提高了人民生活水平。

改革开放以来的实践表明，"国有"与"民营"统一于中国特色社会主义建设进程中，为经济发展注入蓬勃生机，共同构筑了经济巨龙腾飞的现实基础。坚持"两个毫不动摇"，充分发挥"国有""民营"不可替代的重要作用，社会主义制度优越性将不断展现，社会主义市场经济体制的强大生命力将不断绽放。

（作者：白天亮；选自《人民日报》2018 年 2 月 17 日）

【思考】建设现代化经济体系，不论是国有企业还是民营企业，既有前所未有的机遇，也有无比严峻的挑战，既有狭路相逢的勇者闯关，更有大展身手的空间舞台。在新时代，中国企业面临的竞争是全球性的竞争，国企、民企应如何齐头并进，打造核心竞争力？

二 阳春三月话"两会"

春天是一个播撒希望的季节。

阳春三月里召开的全国"两会",是春天里的约会,是春光中的期待。会议的每项议程、每个话题,都会对人民当下乃至未来的生产生活产生重要而深远的影响。

"两会"的召开,涉及国家民主政治生活的方方面面,与每一个中国人息息相关。它对中国的过去做了全面的解读,为中国的未来指明了发展方向,成为每个公民关注的焦点。

"两会"中的一声声对白、一幅幅画面、一个个场景足以知微见著。我们有理由相信,也愿意热心期盼,通过全国"两会"的召开,党和国家的领导集体,与全国代表委员、全国人民一起,以新的工作作风,为中国改革带来全新的气象。

没有一个冬天可以挡住春天的脚步,三月的中国生机盎然,中国人正朝着中华民族伟大复兴的目标而努力奋进。

关注"两会",期待"两会",参与"两会",在这生机勃勃的春日里,一年一度的全国"两会"必能带给我们更多希望。

时代背景 ★★★★

从零起点了解"两会"

全国"两会"是中国的年度政治盛会,透过这个窗口,人们既可以观察中国当下的热门关切——从经济增长、深化改革到生态保护、简政放权,也可以看到"中国式民主"的特色。现在,我们就从零起点来简单介绍一下全国"两会"。

什么是"两会"?

"两会"是个缩略词,一般是指"全国两会",即全国人大和全国政协每年春天在北京召开的两个重要会议。1954年9月,第一届全国人民代表大会第一次会议召开,人民代表大会制度正式确立,如果要了解中国特色社会主义道路,必须先了解人民代表大会制度,它是中国的根本政治制度。

中国人民政治协商会议的历史比人

大还要早 5 年，也被称作新中国的"催生婆"。它不仅制定了具有临时宪法性质的《中国人民政治协商会议共同纲领》，还制定了《中华人民共和国中央人民政府组织法》，选举产生了中华人民共和国中央人民政府委员会，中国的首都、国旗、国歌、纪年都是在那次会议上确立的。想知道中国的政治制度和多党制有什么区别，那就要关注政治协商会议。

2018 年全国"两会"是指"中国人民政治协商会议第十三届全国委员会第一次会议"和"中华人民共和国第十三届全国人民代表大会第一次会议"，分别于 2018 年 3 月 3 日和 3 月 5 日在北京人民大会堂开幕。

人大与政协是什么关系？

全国人民代表大会是最高国家权力机关，中国人民政治协商会议是中国人民爱国统一战线的组织和中国共产党领导的多党合作和政治协商的重要机构。"两会"上，人大代表是审议政府工作报告，而委员是讨论政府工作报告，虽然只有一词之差，却显示了权力和职能的差别。宪法规定中国的国家行政机关、审判机关、检察机关都由人民代表大会产生，对它负责，受它监督。因此，"两会"上，国务院总理、最高人民法院院长和最高人民检察院检察长要

向代表们报告工作。

全国人大与中国共产党是什么关系？

中国共产党是中国的执政党。全国人大是中国最高国家权力机关。党的主张通过人民代表大会制度，经由法定程序转化为国家意志。在中国，发展社会主义民主政治，保证人民当家作主，保证国家政治生活既充满活力又安定有序，关键是要坚持党的领导、人民当家作主、依法治国有机统一。人民代表大会制度是坚持党的领导、人民当家作主、依法治国有机统一的根本制度安排。

中国的全国人大和西方的国会一样吗？

不一样。在正式的表述中，人民代表大会制度被称作中国人民当家作主的重要途径和最高实现形式，是共产党领导下的人民民主制度。西方的国会则被认为代表着资产阶级的民主，反映的是多党竞选、三权分立、两院制。在这一点上，形成了根本的区别。

什么人参加全国"两会"？

简单来讲，就是人大代表和政协委员。这些与会者的代表性非常广泛，不仅有周小川、林毅夫、姚明这类国际知名人士，也有为中国新技术写下注脚的商界精英，比如雷军、李彦宏，也有洗

脚妹刘丽这样的打工者，还有宗教人士，亦有少数民族和较少民族代表，达数千人之多。他们带来的议案、提案和建议形形色色。

人大代表有什么"特权"？

法律规定，人大代表拥有审议权、提案权、表决权、询问权和质询权、选举权、罢免权、建议权、批评权等权利。此外，言论免责权和人身特别保护权（人大代表未经批准不受逮捕）是法律赋予各级人大代表的特别权利，其目的是对人大代表履行职责提供法律保障。但人大代表并不是特殊公民，并不享有超越宪法和法律的特权。

人大代表如何产生，为谁代言？

中国的各级人大代表由直接选举或间接选举产生，他们并不等于"选区代言人"，他们要从维护人民整体利益出发履职。2014 年全国"两会"时，370 名全国人大代表提出公共场所禁烟法、烟草控制法的议案，国务院法制办已将吸纳代表建议的相关条例草案向社会公开征求意见。

人大代表从国家领取工资吗？

如前面所述，中国的人大代表绝大多数是兼职代表，基本都有自己的本职工作，担任人大代表时，并不脱离本职工作或生产岗位，也不从人大机关领取薪金。不仅如此，代表法规定，代表不得利用执行代表职务干涉具体司法案件或者招标投标等经济活动牟取个人利益。而针对无固定工资收入的代表履行代表职责，根据实际情况由本级财政给予适当补贴。

（作者：程云杰、贾钊）

"两会"这些词你未必都清楚

全国"两会"是我国政治生活中的大事，与我们的生活息息相关。有关"两会"的知识虽然简单，但你未必都清楚。

1. "代表"和"委员"别弄混了

全国人民代表大会的成员被称为"代表"，中国人民政治协商会议的成员是"委员"。因此，也就有了我们经常说的"人大代表"和"政协委员"。

2. "届"和"次"位置不能搞错

正确的表述方法是："×届全国人大×次会议"，"全国政协×届×次会议"。那么，你能正确说出今年"两会"的全称吗？

3. "界别"与"届别"不一样

"届"是从时间上说的，指的是九届、十届、上届、本届等；"界"则是针对政协委员的工作领域分类而言，如"经济界委员"等。

4. "国是"与"国事"有区别

"国是"指国家大计，为国家政策方针等重大决策，是比较宽泛的指称，是较正规的书面用语。而"国事"指国家事务，是较具体的指称。因此，"共商国是"一词中，应为"是"而非"事"，"两会"代表委员齐聚北京是为"共商国是"。

5. 谁能"行使权力"，谁又能"参政议政"？

"参政议政""民主监督"是全国政协委员的主要职责，而全国人大代表能够"行使权力"。因为，全国人民代表大会是我国最高权力机关，人民选出来的代表要代表人民行使权力。

6. "议案"和"提案"大不相同

其实，"议案"和"提案"提出的主体是不同的。由全国人大代表提出的是"议案"，而全国政协委员提出的是"提案"。需要注意的是，人民代表大会是权力机关，人大代表的议案一经通过，就具有法律效力。政协委员提案是民主监督的一种形式，没有法律约束力。

7. "人大"与"人大常委会"不是一回事

人民代表大会（简称"人大"）是国家的权力机关，人大常委会是人民代表大会常务委员会的简称，是县级以上地方各级人民代表大会常设机构，二者不能混为一谈。

8. "罢免""终止"与"撤销"别用错

全国人大代表和全国政协委员的职务停止问题，要使用"终止"或"撤销"的标准表述。在人大，按规定是由省（自治区、直辖市）人大常委会罢免某人的全国人民代表大会代表职务，经全国人大常委会决议，依照代表法的有关规定，某人的代表资格终止。在政协，则由全国政协常委会会议表决决定撤销某人的全国政协委员资格。

（选自《人民日报》2018年3月1日）

时政之窗 ★★★★

厉害了，我的"两会"

即使若干年后回望，2018年春天召开的这次不寻常的"两会"，依然闪耀着璀璨的光芒——

3月3日至3月20日，在代表委员们的驻地，在庄严的人民大会堂，5000多名代表委员一次次审议讨论，一次次表决通过……党的主张、国家意志、人民心声高度统一，定格为史册上一个个永恒瞬间。

3月20日上午，中共中央总书记、国家主席、中央军委主席习近平在十三届全国人大一次会议闭幕会上发表重要讲话，发出号召："我们要乘着新时代的浩荡东风，加满油，把稳舵，鼓足劲，让承载着13亿多中国人民伟大梦想的中华巨轮继续劈波斩浪、扬帆远航，胜利驶向充满希望的明天！"

这是历史性的时刻——

2018年3月17日上午10时40分，习近平总书记在十三届全国人大一次会议第五次全体会议上，全票当选国家主席、中央军委主席。人民大会堂内响起经久不息的热烈掌声。国家的掌舵者、人民的领路人，带领我们开创中国特色社会主义新时代。

从3月14日至19日的6天内，新一届国家机构和全国政协领导人员顺利产生，引领全国各族人民开启新时代中国特色社会主义事业的新航程。

从3月3日至3月20日，政协常委会工作报告、提案工作报告、政协章程修正案草案，宪法修正案草案、监察法草案、政府工作报告、计划报告、预算报告、人大常委会工作报告、"两高"工作报告、国务院机构改革方案……根据大会安排，代表委员们认真审议或讨论，议程满满、亮点纷呈。

每一次审议讨论，都是未来中国走向的民意表达；每一次表决通过，都是亿万人民心声的集中凝聚。

从党的十九大到2018年全国"两会"，实现了党和国家领导人员新老交替，十九大的行动纲领、战略决策、重要部署，落实到一个个报告、一项项法案中，凝聚成亿万人民的共识和力量。

一、2018年全国"两会"，凸显新时代的思想方位

一个国家、一个民族前进的方向，必须以科学的思想理论作为行动指南。党的十九大确立了习近平新时代中国特色社会主义思想在全党的指导地位。3月11日，十三届全国人大一次会议第三次全体会议表决通过了《中华人民共和国宪法修正案》。此次宪法修改，就是要适应实践的发展，把习近平新时代中国特色社会主义思想载入宪法，为中国特色社会主义开启新征程保驾护航。

天津市河东区委书记李建成代表说，以国家根本法的形式确立习近平新时代中国特色社会主义思想在国家政治和社会生活中的指导地位，将确保党和国家事业方向正确、长治久安。

二、2018年全国"两会"，标注新时代的发展方位

"今年开春怎么干？""给贫困户配套啥产业？"……惊蛰过后，在京参加

"两会"的全国人大代表、内蒙古赤峰市小庙子村党支部书记赵会杰就不断接到乡亲们的电话、短信。小庙子村仍有15户、28人未脱贫，乡亲们期待全国"两会"能带来新机遇。

"带领大家扩大中药材种植规模，把贫困户纳入合作社，使其通过流转土地、入股分红获得稳定收入，让所有村民如期实现全面小康。"赵会杰已拿定主意，要按照习近平总书记参加内蒙古代表团审议时强调的那样，把脱贫攻坚同实施乡村振兴战略有机结合起来。

这个小村庄在"春天的布局"，正是当下迈入新时代中国的缩影。

2018年不同寻常，是贯彻落实党的十九大精神的开局之年，也是开启新时代中国特色社会主义发展战略安排的起步之年，从现在距如期实现第一个百年目标的日子只有1000多天。

此时此刻的中国将铺展冲刺全面建成小康社会、开启现代化新征程的崭新开局，十九大擘画的宏伟战略安排在这次"两会"上变成"施工表"和"路线图"。

今年再减少农村贫困人口1000万以上；二氧化硫、氮氧化物排放量要下降3%；严厉打击非法集资、金融诈骗等违法活动……"两会"上确定的一个个目标、出台的一项项举措，为全国人民奋勇前行、攻坚克难指明了方向。

"发展路径越来越清晰，大伙心里越来越亮堂。当前先要打赢三大攻坚战，实现全面小康，然后朝着现代化强国的目标而不懈奋斗。"安徽省泗县泗城镇花园井社区党总支书记岳喜环代表说。

三、2018年全国"两会"，铭刻新时代的改革方位

时空变换，又是一个具有特殊意义的春天。

1978年的春天，改革开放春潮涌动；1992年的春天，"春天的故事"再掀改革开放的大潮；2018年是改革开放40周年，这个春天注定开启改革开放再出发、抢抓战略机遇期的崭新开局。

新时代需要新动力。动力来自何方？唯有将改革进行到底！

3月7日，习近平总书记参加广东代表团审议，意味深长。广东是改革开放的排头兵、先行地、实验区。站在新时代新起点，习近平总书记要求广东的同志们进一步解放思想、改革创新，真抓实干、奋发进取，以新的更大作为开创广东工作新局面。

"我们要努力在新时代走在最前列、在新征程勇当尖兵。"深圳市市长陈如桂代表说，深圳要率先构建推动经

济高质量发展体制机制，率先建设现代化经济体系，率先形成全面开放新格局，率先营造共建共治共享社会治理格局。

迈入新时代，改革开新局。

这次"两会"上表决通过的国务院机构改革方案可谓举世关注：着眼新时代的战略布局，一批部门不再保留，组建或重新组建自然资源部、生态环境部、农业农村部……国务院正部级机构减少8个，副部级机构减少7个。

"这不是单纯的'精兵简政'，而是着眼于转变政府职能、坚决破除体制机制弊端，为长远发展做出的全方位、战略性、根本性变革，具有划时代的意义。"国家行政学院教授宋世明说。

法治保障，为民族梦想的远行保驾护航。

作为一项重大政治体制改革，国家监察体制改革在本次"两会"上浓墨重彩：在宪法中增加"监察委员会"一节，确立监察委作为国家机构的法律地位，选举产生国家监察委员会主任，表决通过监察法……

党的十八大以来在推进党风廉政建设和反腐败斗争中形成的新理念新举措新经验，在本次"两会"上以法律形式固定下来，确保反腐败斗争在规范化、制度化轨道上行稳致远。

高擎习近平新时代中国特色社会主义思想的伟大旗帜，党的十九大做出的战略部署成为国家意志，2018年"两会"在奋进新时代的征程上树起一座丰碑。以此为新的起点，从生机盎然的春天出发，在以习近平同志为核心的党中央坚强领导下，中华巨轮风帆高扬，驶向光辉的胜利彼岸！

（作者：张旭东、刘铮、王敏、凌军辉、陈炜伟、荣启涵；选自光明网2018年3月21日）

生活观察 ★★★★★

全国人大的第一张反对票

1988年3月28日中午，中华人民共和国第七届全国人民代表大会第一次会议进入最后一项选举议程，很多记者纷纷离场。就在此时，人大代表黄顺兴突然站起来，大步走到第一次在代表席设置的麦克风前："我反对！"这是全国人民代表大会历史上首次出现的不同声音。

此时，正在表决通过7个专门委员会组成人员。黄顺兴对"教科文卫委员会"主任委员的人选周谷城明确提出反对意见。他讲了反对的理由，他说："周谷城先生学问很高，我非常钦佩，但他 89 岁了，这么大岁数的人，不应该再辛劳他了。难道就没有年轻人为国家做事？"发言完毕，全场响起热烈掌声。尽管有一票反对，周谷城还是按少数服从多数的选举原则当选了。

全国人民代表大会是宪法规定的国家最高权力机关，此前的人大代表，在表决时往往是一致通过，争议很少，没有一个人曾在重大选举时投过反对票。自 1954 年召开第一届全国人民代表大会以来，第一次公开出现了反对票，敢于明确表达不同意见的黄顺兴开启了全国人大历史的新一页。

黄顺兴是一名来自海峡对岸的政治活动家。他是台湾省彰化人，生于1923 年，1943 年毕业于日本熊本农业高等学校农科，同年回国到上海江湾棉花改良场工作，1945 年回台湾，曾在台东拓荒。

20 世纪 50 年代，黄顺兴投入台湾民主运动，明确反对"台独"，主张两岸统一。当时虽然是国民党当局戒严期间，但议会仍有相当的竞争空间。黄顺兴通过竞选，三任台东县议会议员，两任台湾"立法委员"，因敢于直言得名"黄大炮"。

1964 年，他以无党派身份当选台东县县长，因亲近农民，又有"平民县长"之美誉。他于 1980 年创办了《生活与环境》杂志，这是台湾省第一个环保刊物。他还曾担任台北富利冷冻仪器公司总经理，并自 1972 年起连任两届"立法委员"。他同一批知识分子经常发表言论，抨击时政，受到国民党当局的打击和迫害，后移居日本。

黄顺兴 1985 年回到祖国大陆，1986 年在北京定居，受到中央领导的高度重视。

黄顺兴先后到华东、华南、东北、西北了解情况后，由台湾省代表团选他为七届全国人大代表，并在七届人大会议上当选人大常委会委员。

1988 年 3 月 28 日，七届全国人大一次会议在人民大会堂召开，在通过7 个专门委员会组成人员时，黄顺兴走到话筒前大声说："我反对！"他讲了反对周谷城当选"教科文卫委员会"主任委员的理由，成为全国人大代表中第一个在选举中说"不"的人，一时被舆论所关注，成为推动中国政治民主化进程的瞩目人物。

1988 年，黄顺兴还提议设立代表秘密投票处。因为投票的代表座位挨得很近，投票的结果邻座都能看到，这侵犯了代表的权利。他的建议立即被采纳。原来全国人大没有大会发言这一项，黄顺兴提出，不管小组讨论怎么样，大会是全体代表沟通的最后一个机会，这个权利不可剥夺。这一条也写进了人大议事规则。

在人大常委会，黄顺兴还提议，允许记者进入大会会场采访。他说："人大号称最高权力机关，类似现代国家的国会，怎么可以不许记者进会采访？大会讨论的情况怎么可以不马上传播出去与大众见面？外面的意见怎么可以不迅速返回来？如果这些都没有，怎么能具代表性？要建立这样一个循环，媒体记者是少不了的。"时任人大常委会委员长的万里同志接受了他的意见，开放了记者室。

在人大常委任职期间，黄顺兴以仗义执言、经常提不同意见而著名。1993年，他辞去了全国人大常委会委员的职务。他一直关心国家农业和环保工作，积极建言献策；他身居北京，挂念台湾家乡父老，为促进两岸同胞的交流交往做了大量工作；他坚持一个中国的原则，旗帜鲜明地反对"台独"，体现了一位老台胞爱国家爱民族的情怀。

2002年。黄顺兴因患心脏病，在北京逝世，享年79岁。

（作者：刘继兴；选自《甘肃法制报》2015年3月12日）

深度思考 ★★★★★

生命不息，奉献不止

提到黄大发这个名字，大概已是无人不知无人不晓，他是遵义市播州区平正仡佬族乡团结村名誉支书。自20世纪60年代起，作为团结村党支部书记的他带领群众，历时30余年，靠着风钻、钢钎、铁锤这些简单工具，硬生生凿出一条绕三重大山、过三道绝壁、穿三道险崖，主渠长7200米、支渠长2199米的水渠，结束了当地长期缺水的历史，被当地群众亲切誉为"大发渠"。

在群众大会上，为了调动群众的积极性，他立誓"为了水，我愿意用命来换"，终于说服了全村百姓；为了让"大发渠"项目尽快立项，黄大发穿着单薄的衣裳、穿着破胶鞋，冒雨步行200多千米到县城找水利部门……

水渠修好后，为了兑现"带领村民致富"的诺言，黄大发又带领全村干部群众，修村路、架电线、"坡改梯"、建学校，改变了当地"山高石头多，出门就爬坡。一年四季苞谷饭，过年才有米汤喝"的贫困面貌。

2017年4月，中宣部授予黄大发

"时代楷模"荣誉称号；同月，中共贵州省委授予黄大发"全省脱贫攻坚优秀共产党员"称号；9月，获得"2017年全国脱贫攻坚奖奋进奖"；11月，

黄大发

荣获第六届全国道德模范。

黄大发被赞誉为"当代愚公"，对于贵州省遵义市播州区平正仡佬族乡草王坝村的村民来说，黄大发就是一个"奇迹"，是点亮贫困山区人民群众希望的"一盏灯"，是共产党员先进性的"一面旗"。

2017年6月30日，黄大发等10位奋战在贵州脱贫攻坚一线的先进典型被授予"贵州年份英雄十大人物"称号。

83岁当选省人大代表，黄大发做起事来的认真劲儿丝毫不输年轻人。第一次参会就带来了3份建议。

"希望播州到遵义的高速公路能在我的家乡开一个'口'，让高速公路连通村里，让村民出行更便利，也让更多的人到村里来旅游，带动村民致富。希望政府能加大农村水利基础设施建设，保障山区群众的生产生活用水。希望加强对少数民族地区脱贫攻坚的帮扶力度，真正为少数民族地区发展排忧解难。"

黄大发提出的3个建议，关注的都是基层百姓、家乡人民。他说："我是一名老党员，也是一名新代表。未来5年，我将努力履行好人大代表的职责，当好人民的'传声筒'，为老百姓发声，替老百姓解忧，直至生命终止。"

黄大发，这位83岁高龄的老党员，用实际行动诠释了"生命不息，奉献不止"的人生信念和不悔追求。

（作者：程曦；选自多彩贵州网2018年1月30日）

【思考】黄大发是十三届贵州省人大代表当中年龄最大的一位，1935年出生，今年83岁。然而，黄大发做起事来的认真劲儿丝毫不输年轻人，第一次参会就带来了3份建议。这位83岁高龄的老党员，用实际行动诠释了"生命不息，奉献不止"的人生信念和不悔追求。你认为人大代表应该如何履职？

三 中国梦，我的梦

梦，是雨后的彩虹；梦，是绚丽的畅想；梦，是生命的渴望；梦，是追求，是奋斗，是挥洒的汗水。

夸父追日，是追求光明的梦；愚公移山，是坚强的梦；九天揽月，是飞天的梦；五洋捉鳖，是潜海的梦……你的梦，我的梦，他的梦，汇聚成13亿人民的梦，这就是中国梦。

中国梦迎着朝阳，走进新时代，走进新生活，走进新世界。今天的中国梦更丰富、更精彩、更美丽；今天的中国梦不仅是强国之梦、富民之梦、民族复兴之梦，更是民主、文明、和谐之梦，更是山川秀美之梦。

中国梦里有你的努力，有我的追求，有他的汗水。中国梦是13亿中华儿女的辛勤，是13亿中华儿女的自强不息，是13亿中华儿女的智慧与创造！

时代背景 ★★★★

百年追梦

中华民族有着五千年源远流长的文明史，长期居于世界文明发展的前列。但进入近代以后，外来的侵略、落后的制度、腐朽的统治使我们这个泱泱大国跌入民族危机的深渊。风雨如晦，鸡鸣不已，沉重的民族苦难激起中华民族更加昂扬的斗志，无数仁人志士为了实现民族独立与国家富强，进行了不屈的抗争与探索。

一、孙中山的中国梦——使中国成为"最富""最强""政治最良"之国

面对国弱民穷、政治黑暗的现实，孙中山主张要顺应世界潮流，使中国成为"地球上最强之国、最富之国、又政治最良之国"。这是孙中山心目中描画的最美中国梦。他最早提出了"振兴中华"的口号，一生致力于"民有、民治、民享"的现代民主国家的建立，积极

孙中山

谋划"实业救国"的方略，为实现中国梦付出了毕生的精力。

二、毛泽东的中国梦——"国家于富强隆盛之域；置民族于自由解放之林"

孙中山曾经是青年毛泽东心目中的偶像。19 岁的毛泽东撰文，认为要实现国家富强，就应该由孙中山来当大总统，康有为做内阁总理，梁启超做外交部部长。由此可见青年毛泽东的"中国梦"。但对于如何实现梦想，此时的毛泽东还不是很清楚。为了寻求救国救民的真理，他上下求索，最终选择了马克思主义这个先进的思想武器。为此，他积极投身中国共产党的创建之中。中国共产党的成立，不仅使中国革命的面貌焕然一新，而且使中国梦有了自觉的承担主体，中国人在追梦的道路上掀开了崭新的一页。

此后，作为中国共产党的第一代领导集体的核心，毛泽东创造性地把马克思主义的基本原理与中国国情相结合，引导中国革命从胜利走向胜利。中华人民共和国的成立，意味着民族独立、人民解放历史任务的完成，而社会主义制度的确立，则把中国人民带上了最终实现民族复兴"中国梦"的康庄大道。

三、邓小平的中国梦——"把贫困的中国变成小康的中国"

毛泽东曾经用"举重若轻"四个字来形容邓小平，邓小平的这个特点也鲜明地体现在其语言风格中。这位影响了中国 20 世纪走向的伟人，少有鸿篇巨制；相反，他善于用一些简单通俗的词语来表达深奥的道理或丰富的内容。比如那个家喻户晓脍炙人口的"黑猫白猫"论。再比如，他从古典文献中顺手拈来"小康"一词，概括他心目中的中国式现代化，既古色古香，又简洁上口；他用"翻两番""三步走"这样非常大众化、口语化的语言来描绘党在新时期的宏伟蓝图；用"杀出一条血路"的形象语言来表达改革开放的决心与勇气。

1978 年，中国的改革开放刚刚开始，邓小平就被美国《时代》周刊评为 1978 年年度人物，并因此登上了 1979 年第一期《时代》周刊的封面。该杂志撰稿人在序言中写道："一个崭新中国的梦想者——邓小平向世界打开了'中央之国'的大门。这是人类历史上气势恢宏、绝无仅有的一个壮举！" 2008 年，该杂志回顾邓小平领导的中国人民 30 年追梦历程，称"邓小平的改革使许许多多的人改善生活，这种改善的速度和广度在人类历史上不曾见过"。最后，文章以美国人特有的思维方式说："这是我们这个时代的伟大故事。它是我们的故事，是全人类的故事……"

世事沧桑心事定，百年海岳梦中飞。孙中山、毛泽东、邓小平的梦想，代表的是千千万万中国人的梦想。梦想在延续，故事在延续。今天，亿万中国人正在中国共产党的领导下，满怀信心地在为实现"两个百年"奋斗目标和中华民族伟大复兴的道路上阔步前进。正如习近平总书记在参观《复兴之路》时所强调的："现在，我们比历史上任何时期都更接近中华民族伟大复兴的目标，比历史上任何时期都更有信心、有能力实现这个目标。"

俱往矣，数风流人物，还看今朝！

（选自《中国梦·我的梦》学生读本：中学版）

何为中国梦？

实现中华民族伟大复兴，就是中华民族近代以来最伟大的中国梦

2012年11月29日，在国家博物馆，中共中央总书记习近平在参观《复兴之路》展览时，第一次阐释了"中国梦"的概念。他说："现在，大家都在讨论中国梦，我以为，实现中华民族伟大复兴，就是中华民族近代以来最伟大的梦想。这个梦想，凝聚了几代中国人的夙愿，体现了中华民族和中国人民的整体利益，是每一个中华儿女的共同期盼。历史告诉我们，每个人的前途命运都与国家和民族的前途命运紧密相连。国家好，民族好，大家才会好。实现中华民族伟大复兴是一项光荣而艰巨的事业，需要一代又一代中国人共同为之努力。"习近平强调："我坚信，到中国共产党成立100年时全面建成小康社会的目标一定能实现，到新中国成立100年时建成富强民主文明和谐的社会主义现代化国家的目标一定能实现，中华民族伟大复兴的梦想一定能实现。"

实现中华民族伟大复兴的中国梦，就是要实现国家富强、民族振兴、人民幸福

2013年3月17日，中共中央总书记习近平在十二届全国人大一次会议闭幕会上，号召人们为实现中国梦而努力奋斗，第二次详尽阐述中国梦。他说："实现全面建成小康社会、建成富强民主文明和谐的社会主义现代化国家的奋斗目标，实现中华民族伟大复兴的中国梦，就是要实现国家富强、民族振兴、人民幸福，既深深体现了今天中国人的理想，也深深反映了我们先人们不懈奋斗追求进步的光荣传统。面对浩浩荡荡的时代潮流，面对人民群众过上更好生活的殷切期待，我们不能有丝毫自满，不能有丝毫懈怠，必须再接再厉、一往无前，继续把中国特色社会主义事业推向前进，继续为实现中华民族伟大复兴

的中国梦而努力奋斗。"

实现中国梦，必须走中国道路，必须弘扬中国精神，必须凝聚中国力量

在十二届全国人大一次会议闭幕会上，习近平强调："实现中国梦必须走中国道路。这就是中国特色社会主义道路。实现中国梦必须弘扬中国精神。这就是以爱国主义为核心的民族精神，以改革创新为核心的时代精神。实现中国梦必须凝聚中国力量。这就是中国各族人民大团结的力量。中国梦是民族的梦，也是每个中国人的梦。生活在我们伟大祖国和伟大时代的中国人民，共同享有人生出彩的机会，共同享有梦想成真的机会，共同享有同祖国和时代一起成长与进步的机会。中国梦归根到底是人民的梦，必须紧紧依靠人民来实现，必须不断为人民造福。"

中国梦是和平、发展、合作、共赢的梦

2013 年 6 月 7 日，习近平同时任美国总统奥巴马共同会见记者时说："我明确告诉奥巴马总统，中国将坚定不移走和平发展道路，坚定不移深化改革、扩大开放，努力实现中华民族伟大复兴的中国梦，努力促进人类和平与发展的崇高事业。中国梦要实现国家富强、民族复兴、人民幸福，是和平、发展、合作、共赢的梦，与包括美国梦在

内的世界各国人民的美好梦想相通。"

中国梦是两岸同胞共同的梦

2014 年 2 月 18 日，习近平总书记会见连战一行时说："实现中华民族伟大复兴，实现国家富强、民族振兴、人民幸福，是近代以来中国人的夙愿。中国梦与台湾的前途是息息相关的。中国梦是两岸同胞共同的梦，需要大家一起来圆梦。两岸同胞要相互扶持，不分党派，不分阶层，不分宗教，不分地域，都参与到民族复兴的进程中来，让我们共同的中国梦早日成真。"

中国梦是各民族大家的梦，也是我们各民族自己的梦

2015 年 9 月 30 日，习近平在会见基层民族团结优秀代表时强调："中华民族一家亲，同心共筑中国梦，这是全体中华儿女的共同心愿，也是全国各族人民的共同目标。实现这个心愿和目标，离不开全国各族人民大团结的力量。我国 56 个民族都是中华民族大家庭的平等一员，共同构成了你中有我、我中有你、谁也离不开谁的中华民族命运共同体。实现中华民族伟大复兴的中国梦是各民族大家的梦，也是我们各民族自己的梦。"

中国梦一定要实现，也一定能够实现

2016 年 7 月 1 日，习近平在庆祝

中国共产党成立九十五周年大会上发表讲话指出："九十五年前，中国人民对争取民族独立和人民解放、实现国家富强和人民幸福的渴望是多么强烈，但前途又是多么渺茫。今天，我们比历史上任何时期都更接近中华民族伟大复兴的目标，比历史上任何时期都更有信心、有能力实现这个目标。我们完全可以说，中华民族伟大复兴的中国梦一定要实现，也一定能够实现。"

中国梦是我们这一代的，更是青年一代的

2017年10月18日，习近平在中国共产党第十九次全国代表大会上指出："青年兴则国家兴，青年强则国家强。青年一代有理想、有本领、有担当，国家就有前途，民族就有希望。中国梦是历史的、现实的，也是未来的；是我们这一代的，更是青年一代的。中华民族伟大复兴的中国梦终将在一代代青年的接力奋斗中变为现实。全党要关心和爱护青年，为他们实现人生出彩搭建舞台。广大青年要坚定理想信念，志存高远，脚踏实地，勇做时代的弄潮儿，在实现中国梦的生动实践中放飞青春梦想，在为人民利益的不懈奋斗中书写人生华章！"

时政之窗

伟大梦想迎来新时代

2012年11月29日，习近平总书记在中国国家博物馆参观《复兴之路》展览时，首次提出了"中国梦"这个概念并加以阐释："大家都在讨论中国梦，我以为，实现中华民族伟大复兴，就是中华民族近代以来最伟大的梦想。"

中华民族伟大复兴的梦想，上可追溯至被枪炮打开国门的耻辱时刻，下可畅想至一个富强民主文明和谐美丽的社会主义现代化强国。

将梦想铸入庄严的党章

复兴，是中华儿女共同的梦想。一个历史上长期辉煌的国度，在经历了屈辱的近代史之后，有着一般国家难以想象的反差心态。在漫长的时间里，中国人始终感觉"长夜难明"。中国共产党成立后，领导人民经过不懈奋斗，跨过一道又一道沟坎，取得一个又一个胜利，才到达今日之境——我们比历史上任何时期都更接近中华民族伟大复兴的目标，比历史上任何时期都更有信心、有能力实现这个目标。

梦想，是以百年来衡量的。"两个一百年"奋斗目标，依然时间紧迫、任务艰难。2020 年，中国将全面建成小康社会、实现第一个百年奋斗目标，随后便分两个阶段，乘势而上向第二个百年奋斗目标进军。

2017 年 10 月 24 日，习近平在十九大闭幕会上宣布，大会表决通过关于《中国共产党章程（修正案）》的决议。"中国梦"铸入了庄严的党章。

让概念充满丰富的内涵

习近平在讲话和署名文章中，频繁引用"中国梦"这一概念。在一次次引用和阐释中，"中国梦"日渐展现出其丰富的内涵。

在广州战区考察时，习近平指出，实现中华民族伟大复兴，是中华民族近代以来最伟大的梦想。可以说，这个梦想是强国梦，对军队来说，也是强军梦。在给北大学生回信时，习近平指出，中国梦是国家的梦、民族的梦，也是包括广大青年在内的每个中国人的梦。在会见中国国民党荣誉主席连战时，习近平指出，中国梦是两岸同胞共同的梦，需要大家一起来圆梦。在中法建交 50 周年纪念大会上的讲话中，习近平指出，中国梦是追求和平的梦，追求幸福的梦，奉献世界的梦。

而为了实现中国梦，习近平也在多个场合强调推进相关工作。2013 年 7 月 18 日，他在向生态文明贵阳国际论坛 2013 年年会所致贺信中指出，走向生态文明新时代，建设美丽中国，是实现中华民族伟大复兴的中国梦的重要内容；2016 年 8 月 19 日至 20 日，他在全国卫生与健康大会上强调，为实现"两个一百年"奋斗目标、实现中华民族伟大复兴的中国梦打下坚实健康基础。

向彼岸发起冲锋的号角

以中华民族伟大复兴的中国梦为指引，中华儿女勠力同心，众志成城，取得了一个又一个奇迹。5 年来，中国经济年均增速超过 7%，国内生产总值从 54 万亿元增长到 80 万亿元，对世界经济增长贡献率超过 30%；天宫、蛟龙、天眼、悟空、墨子、大飞机，科技创新成果"井喷"，中国成为全球创新指数排名前 25 位的唯一中等收入国家；6000 多万贫困人口稳定脱贫，贫困发生率从 10.2% 下降到 4% 以下，继续创造着人类减贫史上的奇迹……

未来 5 年，从十九大到二十大，是"两个一百年"奋斗目标的历史交汇期。期间，中国将迎来纪念改革开放 40 周年、新中国成立 70 周年、全面建成小康社会、中共成立 100 周年等一系列重要时间节点。而从 2020 年到本世纪中叶，中国将踏上分两个阶段全面建成社会主义现代化强国的征程。

我们身处的，是纷纭复杂的世界。正如习近平所说，中国梦是中国人民追求幸福的梦，也同各国人民的美好梦想息息相通。比如"一带一路"倡议，从发出到被广泛认可不过短短几年，未来这一国际合作方式，必将为世界增添共同发展新动力。而党的十九大报告中浓墨重彩强调的"人类命运共同体"，更是向世界释放了中国善意，贡献了中国智慧。

实现伟大梦想，必定是同进行伟大斗争、建设伟大工程、推进伟大事业相伴随的。中国梦走过了不平凡的道路，过去的成绩值得肯定，但中国这艘巨轮却仍未抵达彼岸。全党上下、全国上下，对此有着清醒的认识。

今天，冲锋的号角再度响起，中华民族伟大梦想迎来新时代，必将奏响新凯歌。

（作者：刘少华；选自《人民日报》2017年11月29日）

生活观察 ★★★★

"油菜花父子"：两代人35年接力追梦路

春天，是油菜花盛开的季节。一望无际、金灿灿的油菜花田，是许多人向往的游玩观赏胜地。但对于沈克泉、沈昌健父子来说，那是穷尽一生追逐的科研梦想。

从门外汉到土专家：养蜂人要种超级杂交油菜

"1978年我进大山，观察野花野草的生长，考察蜜源，在无人种植的山坡上发现几株野生油菜，生长结构特别好，其根部有效分支发达……"在日记中，沈克泉记录了自己与野生油菜花最初的相遇，沈家对油菜杂交育种的探索也由此开始。

沈克泉（中）、何秀英（左）、沈昌健一家三口

没有任何科研背景，一切从零开始，对于一个普通农民来说，困难之大、之多是无法想象的。

1979年到1980年，沈克泉连续两年利用本地油菜与花粉，对野油菜进行人工授粉杂交，但是没有达到期望的结果。为了学习育种知识，沈克泉四处托人买书，一次次去农科站找技术人员咨询，白天搞生产，晚上挑灯夜读。播种、贴标签、观察、记录数据、写读书笔记……就这样，他写满了整整23个日记本。

沈克泉对培育超级杂交油菜的执着，将全家人带动了起来。妻子何秀英鼎力支持，成了沈克泉的得力助手。在外开车赚钱的小儿子沈昌健也常被叫回家帮忙钻研油菜，他说："小时候，爷爷奶奶、爸爸妈妈都在田里劳作的时候，我给他们送饭。爷爷在田里忙起来，都忘记了要吃饭，真的是达到了忘我的境界，不做完是不会回家的。常常是我做好饭两个多小时后，他们才回来。"

套袋、观察、检查纯度、授粉、隔离、脱粒……没有专业仪器，沈克泉父子只能用肉眼观察，凭记录总结规律。经过1000多次反复实验，磕磕绊绊30多年科研路走来，沈克泉、沈昌健两父子终于取得了令人欣慰的成绩，也正是这些肯定支撑他们不放弃培育"超级杂交油菜"的梦想。

1984年，他们成功选育出具有稀植、高产、省工、省种的杂交油菜新组合"友谊3号"，连续2年在全县大面积示范种植，每亩平均产油菜籽165千克。

2001年，沈克泉带着种子来到农业部油料检测中心申请检测，转优趋势明显。

2004年，再次对新育的10个品种进行检测：2个品种达到了双低标准，另外4个品种达到单低。沈克泉父子繁育的"贵野A"不育系材料油菜新组合获国家发明专利证书。

从青胡茬到白髯翁："坚持就会成功！"

2007年3月27日，首次选择在亚洲召开的第12届国际油菜大会在武汉举行。在齐聚700位国际顶级油菜专家的大会开幕式现场，衣着朴素、蓄着大把白胡子的老头和他身旁的两株巨型油菜格外引人注目，他就是68岁的沈克泉。从研究杂交油菜开始留胡须，他发誓不成功不剃须，30年风霜将他的青胡茬染成了白虬髯。

自家的油菜高达1.8米、枝繁叶茂，等到结子时颗颗饱满，每亩虽然只种了1000—2000株，但是亩产最高达到了250千克，国家推广的普通杂交油菜每亩要种8000—12000株，亩产最高却只有200千克，沈克泉得意极了，多年来因为研究杂交油菜所受的辛苦和委屈也值了！

"农民搞科研，很多人都笑我们是'做梦'，不相信我们能成功。"沈昌健说，父亲沈克泉在研制"友谊三号"油菜种子时，为了得到反馈数据，曾将种子半卖半送给周边的老乡，"种了长得好就告诉我们一声，种得不好也不会有什么损失，我们的种子基本上都是白送的。"事实上，种植这种油菜的农民都取得了好收成，但有关部门认定他卖的是假冒伪劣种子，认为"农民不可能发明新品种"。沈克泉气得当众哭起来："难道农民就不能搞科研？"

的确，一般人都很难想象普通农民会搞科研，那要付出太多太多：1996年，家里为搞油菜研究欠债扛不下去，在父亲的劝说下，沈昌健卖掉了带给家里最大经济收入的中巴车，带着三万元卖车款回家专门搞油菜研发，一家人的生计就靠儿子沈昌健和儿媳朱春贵农闲时外出做些小生意贴补。

沈克泉有两儿四女，为了油菜科研，筹钱的筹钱，帮工的帮工。大儿子沈昌华夫妇外出打工赚的钱全补贴家里搞研究；沈昌健的两个女儿，更是从小就跟着父母下地帮忙。

全家动员，依然杯水车薪，而沈克泉终究没能等到成功的那一天。2009年12月，由于积劳成疾和严重的肺结核，沈克泉老人去世了。在弥留之际，他拉着儿子沈昌健的手说："我没时间了。油菜事业不要丢，坚持下去，一定会成功的！"

子承父"梦"：油菜花的春天脚步近了

"爸爸……如果可以尽量给我打点生活费……不好意思再跟同学借钱了……等我和姐姐有能力了，一定帮助家里……"几天前，正在衡阳实习的小女儿给爸爸沈昌健发来短信，委婉地表达希望父亲给寄点生活费。沈昌健只能无奈地说："再等等吧。"

至今，沈昌健已经欠债28万。"能借的钱都借完了，现在人家都不敢借给我们了，怕我们搞不好全都砸在里面。"他说。

为什么还要坚持下去？

"这是我父亲一辈子的事业，最后的嘱托，我不能辜负。"沈昌健说，"如果不把杂交油菜搞成功，就对不起曾经帮助过我的人。"湖南省农科院的黄菘教授的肯定、中国"杂交油菜之父"傅庭栋院士的鼓励、华中农大的傅东辉博士专程赶到临澧考察……沈昌健厚厚的通讯录上面记录着许多人的名字和电话号码，其中许多都是他曾经联系的杂交油菜方面的专家学者，还有社会上曾经帮助过他的人。如果有记者来采访，他也会一个一个细心记下他们的联系方式。

2011年5月，"沈油杂819"新组

合高产示范地喜获丰收，平均亩产超过220千克，再创新高。

最近，沈昌健在家里忙着对油菜种子进行分类，这些种子都是要拿去进行检测的。沈昌健说，一旦通过检测，他的种子就有希望通过审定了。现在还有油菜籽厂家找到他，要跟他合作，资助他做研究。沈昌健希望自己的种子能形成一个产业链。

沈昌健说："离梦想还有一大步。"

冬天将要过去，春天还会远吗？

（作者：朱琪红；选自《中国青年报》2013年11月7日）

深度思考 ★★★★★

不待扬鞭自奋蹄

近几年，雾霾被越来越多的人熟知，早晨拉开窗帘雾里看花的场景，也许大部分人都经历过。面对人人头疼不已的雾霾，北京师范大学株洲附属学校的冯嘉睿和它较上了劲，并凭借作品"雾霾空气净化系统"在第七届全国中小学生劳动技术教育创新作品展评活动中斩获发明类金奖。

冯嘉睿高瘦白净，让人觉得弱不禁风，不过这个看上去腼腆内向的大男孩，却在市、省乃至全国青少年科技创新类竞赛中大放异彩，荣获株洲市第三十四届青少年科技创新大赛一等奖、第六届湖南省青少年机器人竞赛一等奖、第十届宋庆龄少年儿童发明奖铜奖。

科技创新天赋异禀

超临界水是什么？玻璃和石头的主要成分都是二氧化硅，为什么一个是透明的，一个是不透明的？压电陶瓷为什么受压后有电流产生？什么是四维空间……从小到大，冯嘉睿的好问是出了名的。

不仅如此，冯嘉睿还喜欢拼装模型。他只要有空，就会上网淘一些宝贝，如磁铁、压电陶瓷片、温差发电陶瓷、电动机等，并用这些材料制作玩具。每当有好的想法时，他的父亲总会在百忙之中抽出时间为他寻找制作材料，提供支持。

在科学课上，冯嘉睿也是班上表现最好的学生之一。一次科学老师在班级选拔机器人社团成员，几乎在冯嘉睿举手的同时，同学们大都转过来指着他。

冯嘉睿（左）在第十届宋庆龄少年儿童发明奖展览上

冯嘉睿的认真和科技创新能力，得到了大家的认可。

一半冰山一半火焰

在同龄人眼里，冯嘉睿是一个寡言少语的人，可谈到科技创新，他却有着火一样的热情。"生活中，只要发现问题，我总会想着去改进，让物品变得更利于人们使用。"冯嘉睿说。

针对最近雾霾肆意横行的情况，冯嘉睿花了20多天，前后修改了6次，自己设计制作了一套雾霾空气净化系统，不仅能将室内浑浊空气排出去，还能将室外新鲜空气吸进来。

冯嘉睿在第十届宋庆龄少年儿童发明奖现场向观众介绍"雾霾空气净化系统"

博学的科技达人

不要以为冯嘉睿就是一个古板的技术宅男，平日里他也有着不少爱好，骑单车、看电影、偶尔还玩玩电游，不过他最喜欢的还是看书。

比起同学中盛行的青春小说，冯嘉睿更喜欢与物理、化学、汽车科技有关的书籍。虽然书中的许多专业知识他并不能完全看懂，但凭借对理化学科的浓厚兴趣，小小年纪的他弄懂了许多有趣的现象和深奥的原理。科技创新固然重要，但学习更重要，没有博学的知识，科技创新就无从下手。

如今，冯嘉睿正计划做一个关于汽车刹车安全系统的发明。或许这会影响他的文化课学习，但父母却毫不在意。文化成绩只要跟得上就行，在未来，一个发明家远比一个名牌大学生对社会有用。

有了父母的支持和兴趣爱好做支撑，冯嘉睿定会在科技创新这片领域快乐地驰骋，去实现他的科技梦。

（作者：王继东；选自《发明与创新（中学生）》2015年第3期）

【思考】点燃科技梦想，科技让梦想起航。一个少年的科技梦，可以为中国梦的实现助力。为了中国梦的实现，我们青少年能做些什么？

四　改革再吹集结号

"改革开放是我们党的历史上一次伟大觉醒""实践发展永无止境，解放思想永无止境，改革开放也永无止境，停顿和倒退没有出路"——习近平总书记第一次考察就选择"在我国改革开放中得风气之先"的广东，在深圳向邓小平铜像敬献花篮。此举与邓小平南方视察虽时隔20年，却高扬着同一个关键词——改革。"改革开放只有进行时没有完成时""积极回应广大人民群众对深化改革开放的强烈呼声和殷切期待"——习近平总书记的话语，传递着斩钉截铁的决心。

"改革要与危机赛跑""过去改革的阻力是意识形态因素，现在改革进入了利益博弈时代""大部制改革还应向前推进"——在各种论坛、会议上，有识之士大声疾呼，人们空前地感受到改革的紧迫。

"潮平两岸阔，风正一帆悬。"党和国家再次吹响了全面深化改革的

"集结号"，改革向"深水区"推进的方向明确，敢啃"硬骨头"的决心坚定。

中华儿女怀揣满腔的改革期待，感奋崭新的改革图景，定会进一步解放思想、锐意进取，以改革为动力，戮力同心谱写"中国梦"美丽新篇章。

时代背景 ★★★★★

改革开放是强国之路

从1978年党的十一届三中全会至今，改革开放一路走来，从计划经济到市场经济，从中国制造到中国智造，从跟随世界到引领世界，在获得一系列卓越成就的今天，中国依旧在改革开放的道路上继续前行。

改革初期，人们讨论的是改革的利弊，并多以弊为主。人们普遍担心在改革之中地位不保，担心竞争对手的强大，担心资产的流失，最担心的是机械的自动化操作会令不少人下岗。事实如同人们担心的那样，下岗潮、倒闭潮、破产潮接踵而来。然而数年之后，大多数人民的生活水平越来越好，在告别吃大锅饭的日子之后，他们找到了致富的金钥匙——勤劳。

在这个时间段里，久闭的国门开始

向世界经济敞开，庞大的中国市场吸引了众多外资涌入中国。人口众多且劳动力廉价的优势，令世界大型跨国企业将工厂转至中国，也为中国创造了大量的就业就会；与此同时，越来越多的市场机会开始显现，民营企业、集体企业开始兴起，众多中国当今的知名企业，便是在当时有了雏形。

1992年，邓小平南方谈话令人们坚定了改革信念，经济特区深圳所取得的卓越成效、改革取得的巨大成功让人们对改革开放达成了共识，并继续加大改革开放的力度。1992年至1995年，中国GDP年增长超过10%，经济开始进入高速发展阶段。1997年，党的十五大确立了公有制为主体、多种所有制经济共同发展的基本经济制度，国家开始积极推进国有企业改革和国有经济布局的结构调整，通过改组、联合、兼并、租赁、承包等方式进行了改革，推动市场化取得阶段性成效。

进入21世纪，我国继续深化改革开放，市场经济进一步有效推进，越来越多的人和企业开始意识到科学技术是第一生产力，创新成为助推经济发展的新兴关键词。恰逢在互联网热潮之时，大量创新型公司应运而生，互联网金融、数字经济雏形开始形成。

2001年，中国成功申办了第27届奥运会，举办亚太经合组织会议，成功加入世界贸易组织，综合国力不断增强，世界话语权大幅提升。也正是2001年至今，世界经济复杂多变，前景扑朔迷离，海外各种经济危机、政治斗争接连不断。在党中央的坚强领导下，我国不仅有效应对了复杂国际政治经济环境的风云变幻，更在相当不利的条件下取得了经济的中高速平稳增长。

2017年，党的十九大选举产生了党的新一届领导核心。2017年10月25日，中共中央总书记习近平在新一届中共中央政治局常委同中外记者见面讲话时指出，将总结经验、乘势而上，继续推进国家治理体系和治理能力现代化，坚定不移深化各方面改革，坚定不移扩大开放，使改革和开放相互促进、相得益彰。

中国的改革开放之所以能够取得众多成就，关键是在于以党的全部理论和实践指导为方向。只有坚持中国特色社会主义，坚定思想，求真务实，与时俱进，才能保证改革开放不走弯路、不走死路、不走回头路。

其次，改革是发展的强心剂。改革对中国经济发展是一种刺激，通过对外开放活跃国内市场，打破原有僵化、陈腐体制，引导全国人民群众以勤劳、互助、创新、奋进的精神开拓前行。在这种引导下，我国经济才能不断释放出新的活力，以此来突破各种阻力，化解多重矛盾，破解种种难题，改革红利也才因此而显现。

第三，改革开放推动了中国与世界的连接。在经济全球化的背景下，融入全世界才能有效发展一国经济。中国在改革开放初期，先是参与到一系列全球经济、经贸活动当中，逐渐演变到在近年全球经济乏力之时，以亚投行、丝路基金等走出去的重大战略，成为世界经济的重要引导力量。

第四，改革是推动社会创新发展的动力。改革开放以来，中国逐渐从制造业大国向制造业强国演变，从世界工厂变成世界研发基地，从中国制造变成中国智造，大量的中国产品、中国企业成功地走向了世界舞台，中国更是成功地融入了世界。随着改革开放的深入，国外先进的科学技术、优质的国际资本也开始与中国一道共同发展，为中国的经济发展继续增添动力。

改革开放以来，中国经济发生了翻天覆地的变化，这说明改革开放是中国强国之路镌刻在汗青之中的重要一步。未来的道路，还需要继续深化改革，开拓创新，不断努力，以此实现中华民族伟大复兴中国梦。

（作者：宋清辉；选自《金融投资报》2017 年 12 月 16 日）

四个"为什么"带你读透"全面深化改革"

从党的十八大强调"全面建成小康社会"，到党的十八届三中全会部署"全面深化改革"，再到党的十八届四中全会要求"全面依法治国"、党的群众路线教育实践活动总结大会宣示"全面从严治党"，"四个全面"战略布局清晰展现。

"四个全面"中，全面建成小康社会是战略目标，全面深化改革、全面依法治国、全面从严治党是三大战略举措。居于三大战略举措之首的"全面深化改革"究竟有何战略意义？如何让中国道路越走越宽？

为什么"全面深化改革"让中国道路越走越宽？

党的十八届三中全会以全面深化改革为主题，擘画改革新蓝图、吹响改革集结号，将全面深化改革的总目标确定为"完善和发展中国特色社会主义制度、推进国家治理体系和治理能力现代化"。党的十八大以来，以习近平同志为总书记的党中央站在全局和历史的高度，明确了全面深化改革的战略布局，实现了改革理论和政策的一系列重大突破，形成了全面深化改革的重要战略思想。今天的改革，不只为了应对挑战，更是为了把握机遇；不只为了短期目标，更是为了图之长远；不只是时代要求，更是历史责任。全面深化改革要塑造的，是一个更有实力引领时代的社会主义中国。

为什么"全面深化改革"位居三大战略举措之首？

在"四个全面"战略布局下审视，改革既是驱动力，也是凝聚力；既是方法路径，也是精神内核。对于全面建成小康社会，改革是贯穿始终的不变逻辑，也是实现这一宏伟目标的具体历史实践。对于全面依法治国，改革是齐头并进的姊妹篇，全面深化改革需要法治保障，全面依法治国也需要深化改革。对于全面从严治党，改革是党自我净化、自我完善、自我革新、自我提高的根本途径，党的领导则是实现改革发展目标的根本保证。把全面深化改革放在"四个全面"中去定位，放在历史和现实的坐标中去把握，我们才能深刻理解为何新一轮改革要在各个领域统筹推进，为何全面深化改革是推动发展的强大动力。

为什么"全面深化改革"要啃硬骨头？

改革开放以来，中国改革循着从易到难、从局部到全局、从增量到存量的顺序展开。今天的改革，遇到的困难就像一筐螃蟹，抓起一个又牵起另一个，必须全面启动；涉及的利益关系错综复杂、环环相扣，需要顶层设计。与过去相比，今天的改革既呼唤坚定果敢的行动、百折不回的信念，也呼唤全面系统的认识论、攻坚克难的方法论。习近平总书记关于改革的一系列重要论断，有"冲破思想观念障碍，突破利益固化藩篱"的勇气，有"敢于啃硬骨头，敢于涉险滩"的决心，有"改革开放只有进行时没有完成时"的坚韧，有"没有比人更高的山，没有比脚更长的路"的气魄，针对的是当今中国的基本国情和时代特点，直面的是改革深水区攻坚期的特殊阶段，回应的是中国特色社会主义道路的新要求，彰显了当代共产党人执着的改革品格、鲜明的改革气质、奋发的改革精神。

为什么"全面深化改革"重点在全面？

全面深化改革的根本在"改革"，关键在"深化"，重点在"全面"。改革开放是一个系统工程，必须坚持全面改革，在各项改革协同配合中推进。体现在方法论上，就是要"审大小而图之，酌缓急而布之，连上下而通之，衡内外而施之"，充分考虑各项改革举措之间的关联性、耦合性，努力做到眼前和长远相统筹、全局和局部相配套、渐进和突破相衔接，协调各方利益关系，最大限度减少阻力。同时，也要立足全局抓大事，善于抓住"牛鼻子"，以重要领域和关键环节作为突破口，在牵一发而动全身的关键点上集中发力，使各项改革举措在政策取向上相互配合、在实施过程中相互促进、在实际成效上相得益彰，在国家治理体系和治理能力现代化上形成总体效应、取得总体效果。

时政之窗

改革开放：前行是你的宿命

2018 年，是中国实行改革开放 40 周年。40 年前，5 月 11 日，《光明日报》发表了《实践是检验真理的唯一标准》一文。这篇被从哲学专刊撤下，又经过作者与中央党校职员多重切磋打磨，且经过精心编辑，以"本报特约评论员"名义发表在头版的文章，已经不是一篇学术性的讨论哲学的文章。而这篇文章发表后产生的石破天惊般的效应，也说明了其所具有的巨大冲击力远不限于学术界乃至思想界，而是波及政治、经济、文化、社会等所有方面。以这篇文章破冰开道，中国的思想解放拉开了序幕。思想解放，是去除精神桎梏的利器，是实事求是的铺路机。正是

40 年前的思想解放运动，为其后几个月召开的、标志着中国开始实行改革开放政策的党的十一届三中全会，做了精神上和社会心理上的准备，并为其奠定了思想理论基础。

40 年前开始的、在当时风骚独具、引领了世界潮流的改革开放，之所以将中国带入了快速发展的轨道，其定数正来自十一届三中全会。正是十一届三中全会，结束了"以阶级斗争为纲"的政治路线，做出了"把全党工作着重点和全国人民的注意力转移到社会主义现代化建设上来的战略决策"，在《中共中央关于加快农业发展若干问题的决定（草案）》中明确肯定和支持了正在进行着的农村生产制度变革，并以此为标志开始实施改革开放的国策。其后 40 年，中国改革开放所取得的一切成就，都渊源于这个转折了中国命运的十一届三中全会。

十一届三中全会至今，中国改革开放的征途并不平坦。但是，实践已然证明，只要改革开放的大路向不变，中国就完全可以成为世界发展潮流中的弄潮儿。如果说 40 年前，人们是从餐桌上食物的变化开始认识改革开放，从而拥护之、投入之并随之而动的话，那么，40 年后，当人们不虑温饱的同时，是否也该不再关注今后前行的路向了呢？

改革开放带给中国的，当然不仅仅是餐桌上的变化，不仅仅是温饱，也不仅仅是经济体量的剧增以及随之而来的跨入中等收入门槛。实际上，改革开放带给中国的最根本、最具决定意义的变化，就是人的自由度的增大。正是有了自由以及不断跟进的制度化认可，人们才有可能释放出创造潜力，在经济领域实现了飞跃式发展。

也因此，人的自由度的增大以及不断增大的历史和愿景，也决定了中国改革开放的大路向不应变、不能变。40年里，改革开放已不仅是国家的政治经济政策，同时也已成为人们的精神力量和社会责任。以往40年的历史提示人们，只有在改革开放的路向上，中国才会如以往那样遇到各种发展之机，从而抓住这些机遇，顺应时势，进而促成和成就历史之变。

40年过后，由于其看得见、摸得着、感受得到的巨大成就，改革开放仍然是中国最大的政治经济共识，仍然是中国前行路向的不争之定数。改革开放之不可移、不可变的根基在于，这个路向已经成为政治经济稳定的标志物，成为人们安定坦然的心理基础。这个路向把握不准，不仅影响今后的机遇的数量和种类，也影响人们的安定感和安全感。

改革开放使中国成为真正意义上的世界大国。纪念改革开放40周年，确定改革开放的路向并坚定前行，这正是历史昭示的中国宿命。

（选自光明网2018年1月2日）

创业创新激活一池春水

入夜，北京中关村创业大街的办公楼里依旧灯火通明。

发展经济、深化改革，就是要让劳动者有奔头、有更多人生出彩的机会。近年来，我国不断释放改革红利，大力营造有利于创业创新的体制机制环境，点燃创业创新激情。

改革释放活力，让劳动者想创业

"我们赶上了创业的好时候！"——"三个爸爸家庭智能环境科技公司"总裁戴赛鹰由衷地感叹。这家由三个年轻爸爸做起来的新企业生产儿童空气净化器，3个月内拿到1000万美元风险投资，产品上市不到半年月销量超过2000台。

这样的创业传奇正在各地不断上演。据国家工商局统计，今年以来，我国平均7分钟诞生一家新企业。创业热潮的背后，是政府大刀阔斧推进改革，消除不利于创业创新的束缚和障碍。

要让劳动者想创业——2015年5月

6日，国务院常务会议明确，推进商事登记便利化，实现"三证合一""一照一码"，向全社会释放出进一步深化商事制度改革、为创业创新清障的信号。而这只是政府用权力"减法"换取创业创新"乘法"的诸多改革措施中的一项。一系列"减法"措施，让创业氛围日渐浓厚。

要让劳动者对创业有信心——如果一开业就要招架五花八门的税费，恐怕不少想创业的人会放慢脚步。减费降税，成为创业创新领域改革的重点。国务院明确提出，落实扶持小微企业发展的各项税收优惠政策，全面清理涉企收费。

改革搭台助力，让劳动者能创业

创业不易。即使是最不起眼的小项目，也要面对筹集资金、寻找场所、注册招工等问题。小企业张罗起来，还得想办法坚持下去，让其开花结果。

要让想创业的人能创业、创业成功——一系列改革措施紧锣密鼓出台，为创业创新搭台助力。

创业资金哪里来？2015 年以来，直接用于化解创业筹资难题的政策措施就有 10 多项。目前，中央财政已吸引地方政府、社会资金共同设立 200 多只创业投资基金，扶持了一大批企业。

创业场所如何找？国务院明确，鼓励有条件的地方出台各具特色的支持政策，积极盘活闲置的商业用房、工业厂房、企业库房、物流设施和家庭住所、租赁房等资源，为创业者提供低成本办公场所和居住条件。海归郑丁的创业项目落户在杭州余杭区的海创园，他说："海创园减免房租，还给创业者补贴，很贴心。"

创业缺经验怎么办？帮助"零经验"创业者的"导师带徒"计划备受欢迎。王志雄是浙江科技学院的学生，毕业当年以结对的方式拜当地企业家为师。遇到困难向导师请教，发现风险请导师帮忙评估，王志雄的企业一天比一天好。我国广泛推广创业培训，建立健全创业辅导制度，为"草根创业者"解决难题。

改革激励创新，让创业者成就事业

创业创新，点燃创业热情，更激发着创新潜能。

"眼下的创业热潮，最大亮点是创新成为主动力。应用新技术、开发新产品、创造新需求、打造新业态，紧紧围绕创新展开的创业，将为经济发展注入源源不断的动力，也有望成就一批极具竞争力的企业和品牌。"中国就业促进会副会长陈宇说。

深化科技体制改革、构建创业创新的生态体系，极大地调动了创新的积极性。落实科技企业孵化器、大学科技园研发费用加计扣除等优惠政策；对符合条件的众创空间等新型孵化机构适用科技企业孵化器税收优惠政策；对创业创新活动给予有针对性的股权和债券融资支持……这些实实在在的新举措让不少创新型企业感到振奋。

"毕业了，去创业！""老家机会也不少，回乡创业去！""科研人员可以带着项目创办企业，我想试一试。"……

创业创新，正迎来黄金时代。

（作者：白天亮；选自《人民日报》2015年3月7日）

生活观察 ★★★★

户改新政让农民圆了"市民梦"

党的十八届三中全会提出，完善城镇化健康发展体制机制，推进农业转移人口市民化，逐步把符合条件的农业转移人口转为城镇居民。从国务院出台《关于进一步推进户籍制度改革的意见》，到《居住证管理办法（征求意见稿）》公布，各地不断出台、细化户籍改革措施，保障流动人口享受"同城待遇"，让越来越多的人实现"市民梦"。

迟早回乡下的疑虑打消了

2015年1月16日早7点30分，家住山东商河县城的王小英，送完孩子上学后，舒心地笑了："以前做梦都想成为'城里人'，现在这个梦圆了。"

33岁的王小英是商河县殷巷镇吴老村村民。3年前，她来到商河县城，找了份汽车销售的工作，每月工资三四千元。虽然县城房子是租的，但好政策解决了户口问题。

2014年7月，商河县在原有制度基础上又出台政策，规定租房也可以申请城镇落户。8月，王小英带着房屋租赁合同与单位证明，走进许商街道派出所，民警为她办理了落户手续。

"当时可高兴了，感觉跟城里人一样，特别是孩子上学问题得以解决。"王小英说，落户后，孩子划片儿入学，学校就在家门口，出门一拐弯儿就到了。

商河县公安局户政科科长介绍，租房可以申请城镇落户，又为农业转移人口落户降低了"门槛"。2012年，商河县就开始实施户改新政，农民转入城镇户口后，享有"六旧六新"待遇。"六旧"即保留农村原有的承包地、宅基地、林地权益、计划生育政策，各项惠农补贴和民主权利；"六新"即同等享受城市待遇，包括养老、教育、医疗、就业、住房和人才保障等待遇。

王小英表示，即使自己在县城，老家还有5亩多地，每年能领村里发放的400多元补贴，老家的待遇没少，还多了几项城里人享受的公共服务，慢慢地在城里扎根的念头坚定了，迟早回乡下的疑虑打消了。

让符合条件的农业转移人口真正实现"市民梦"，融入城市社会。2014年7月，国务院《关于进一步推进户籍制度改革的意见》提出，到2020年，努力实现1亿左右农业转移人口和其他常住人口在城镇落户。

"同城同权"的诉求得到进一步满足

从沈阳来京务工的朱小勤一家三口住在北京通州，孩子已到了上学年龄。正苦恼间，朱小勤得知办理工作居住证可以让孩子在京上学，就赶紧去办理了工作居住证。

2014年夏天，凭工作居住证和其他相关手续，朱小勤几分钟就替孩子完成了报名注册，这让他如释重负："夫妻分居、孩子留守的烦恼没有了！"

北京市工作居住证制度施行以来，大量来京工作人员享受到了基本的公用服务和便利。2014年1月，北京市提出将用居住证全面替代暂住证，为持证者提供更多公共服务，随着持证者在京生活、工作的时间增长，公共服务也将随之"升级"。

国家卫计委2014年11月发布的报告显示，截至2013年末，全国流动人口的总量为2.45亿，超过总人口的六分之一。中国人民大学社会学理论与方法研究中心副主任陆益龙指出，作为户籍制度改革的一项过渡举措，居住证制度让如此大规模的流动人口得到了基本的福利保障和权利预期，社会公平向前推进了一大步。

2014年12月，国务院法制办公布《居住证管理办法（征求意见稿）》，规定设区的市级以上地方人民政府应当根据本办法制定实施办法，并规定居住证持有者享受与户籍人口同等的9项基本公共服务、6项便利。我国绝大多数地级以上的市都是设区的市，此举标志着我国即将全面进入"居住证时代"，两亿多流动人口的"同城同权"诉求得到进一步回应和满足。

（作者：王昊魁、周洪双；选自《光明日报》2015年1月17日）

深度思考 ★★★★

使人民群众有更多获得感

人民群众对幸福生活的向往就是我

们党的奋斗目标，老百姓关心什么、期盼什么，我们就要重视什么、关注什么，改革就要抓住什么、推进什么，通过改革给人民群众带来更多获得感。

治国有常，而利民为本。使人民群众有更多获得感，始终是改革前行的目标和方向。一切改革的实施，归根结底都是为了人民；一切改革的推进，都离不开人民的力量。以人民为中心的发展思想，深深铭刻在一年来改革的设计与落实中，也深深铭刻进百姓每一天的生活里。

提升百姓获得感，消除贫困是第一步

2016 年 7 月，习近平总书记走进宁夏杨岭村的回族群众马科家，掀开褥子看炕垒得好不好，问屋顶上铺没铺油毡、会不会漏雨，电视能收看多少个台。墙上张贴着的"建档立卡贫困户精准脱贫信息卡"引起了他的注意。

"6 口人、劳动力 2 人，养牛 6 头，种玉米 15 亩，牛出栏 2 头收入 7000 元，劳务输出收入 21500 元，综合收入47000 元……"习近平总书记逐项察看，一笔一笔算着马科家的收入账。

同马科一样，当时全国还有 5000 多万贫困人口，到 2020 年要实现全部脱贫目标，脱贫攻坚到了攻克最后堡垒的阶段。

自上而下层层建立脱贫攻坚责任制，是确保完成"十三五"脱贫攻坚硬任务的硬措施。2016 年不断出台的改革举措抬升"底线"刻度，让社会更加温暖：贫困地区水电矿产资源开发资产收益扶贫改革试点确保贫困地区和贫困人口在资源开发中直接受益、持久受益；贫困退出机制杜绝"数字脱贫""假脱贫"……

脱贫之战，承载着人民之福、凝结着民族之梦。2016 年 1000 多万贫困人口实现脱贫，让总书记最牵挂的困难群众看到了幸福的明天，也有了更实实在在的获得感。

推进改革，从群众最期盼的领域改起

民者，国之根也，诚宜重其食，爱其命。谈及改革，习近平总书记多次指出，要关注群众多方面、多层次需求，创新方式方法，多用善用会用多予少取、放活普惠的办法推进改革，多谋民生之利、多解民生之忧。

全面深化改革以来，儿童医疗资源紧张状况有所缓解，家庭医生走入寻常百姓家；农村教育短板正在补齐，民办学校实施分类登记分类管理；统筹推进县域内城乡义务教育一体化改革发展，对农村薄弱、小规模学校进行全面改造；深化职称制度改革，对在艰苦偏远

地区和基层一线工作的专业技术人才等给予特殊倾斜政策……

2016 年，湖南湘西农村的普通教师杨豫湘感受到了改革带来的获得感。"本来想到城里找个工作。如果以后村里的学校条件好了，在村里教书评职称还有优惠，就不用搬家了。"杨豫湘言语间幸福感满满的。

对待老年人的态度体现一个社会的文明程度。目前我国正在步入老龄化社会，实现老有所养、老有所医、老有所教、老有所学、老有所为、老有所乐，让老年人安享晚年，是改革关注的重点之一。中央深改组会议两次审议《关于制定和实施老年人照顾服务项目的意见》，推动出台《关于全面放开养老服务市场提升养老服务质量的若干意见》，着力提升养老服务质量，老年群体多层次、多样化的服务需求将得以更好满足。

增进民生福祉，既有物质方面看得见摸得着的获得感，也包括精神层面的获得感。

"观照人民的生活、命运、情感，表达人民的心愿、心情、心声"——在中国文联十大、中国作协九大开幕式上，习近平总书记的殷切希望，是广大文艺工作者的根本遵循，也是文化民生的具体要求。

河北省邢台市康颐养老康复中心护理员霍芹堂（左）给 90 岁的老人王宝珠喂饭

通过文化惠民、改善文化民生，让人民群众享有更多文化发展成果。文化体制改革继续聚焦短板发力，以文化扶贫助推文化小康，基本公共文化服务标准化均等化水平不断提高，越来越多文化馆、图书馆、美术馆向百姓免费开放；电影公益放映提升质量，让群众不但能"看到电影"还能"看好电影"；文化服务更好对接百姓需求，变"政府端菜"为"群众点菜"，获得了百姓的"点赞"。

百姓的获得感，离不开社会的公平正义。

习近平总书记指出，全面深化改革必须着眼创造更加公平正义的社会环境，不断克服各种有违公平正义的现象，使改革发展成果更多更公平惠及全体人民。如果不能给老百姓带来实实在在的利益，如果不能创造更加公平的社会环境，甚至导致更多不公平，改革就失去意义，也不可能持续。

治天下也，必先公，公则天下平矣。

2016 年 12 月 2 日，最高人民法院第二巡回法庭对原审被告人聂树斌故意杀人、强奸妇女再审案公开宣判，宣告撤销原审判决，改判聂树斌无罪。这一洗雪 21 年沉冤的判决，还了聂树斌及其家人一个公道。

从案件引起社会关注，到新闻媒体持续追踪，专家学者反复研讨，再到这块硬骨头最终被啃下，聂树斌案被认为是中国司法体制改革跋涉前行进程中的一个标杆事件。

以促进社会公平正义、增进人民福祉为全面深化改革的出发点和落脚点，正是抓住了当代中国发展的关键。

"山，快马加鞭未下鞍。惊回首，离天三尺三。" 80 多年前，毛泽东同志在长征路上留下脍炙人口的名句，彰显了共产党人不畏艰险、勇往直前的英雄气概。

80 多年后的今天，以习近平同志为核心的党中央高擎改革旗帜，以披荆斩棘的勇气、勇往直前的毅力、雷厉风行的作风推进改革，全面深化改革正坚实行走在九百六十多万平方千米的大地上，辉映在老百姓的笑脸里。

今天，走在中华民族伟大复兴新的长征路上，推进全面深化改革仍然需要发扬愚公移山精神、将革命进行到底的精神，在改革路上一往无前！

（作者：霍小光、张晓松、胡浩、罗争光；选自新华社 2017 年 2 月 3 日）

【思考】党和国家为什么把提升百姓的获得感作为改革前行的目标和方向？

五　再现古丝绸之路之光

2013 年 9 月和 10 月，中国国家主席习近平在出访中亚和东南亚国家期间，先后提出共建"丝绸之路经济带"和"21 世纪海上丝绸之路"的重大倡议："为了使欧亚各国经济联系更加紧密、相互合作更加深入、发展空间更加广阔，我们可以用创新的合作模式，共同建设'丝绸之路经济带'"，"中国愿同东盟国家加强海上合作，使用好中国政府设立的中国—东盟海上合作基金，发展好海洋合作伙伴关系，共同建设'21 世纪海上丝绸之路'"……

"一带一路"倡议提出以来，国内各地区纷纷抢抓机遇、乘势而上，正在汇聚成"一带一路"建设的巨大力量。

行得春风，必有夏雨。"一带一路"建设给我国各地尤其是中西部地区的经济发展注入了新的能量。

古丝绸之路的驼铃声尚未远去，鸣笛出发的一系列国际班列，正搭载着梦想与机遇，向着"一带一路"的广阔世界飞驰。

丝路梦，是中国梦，也是世界梦。"一带一路"建设的愿景与行动文件已经制定；亚洲基础设施投资银行正式成立，截至 2017 年 12 月，亚投行成员总数扩围至 84 个；丝路基金已顺利启动；一批基础设施互联互通项目正在稳步推进。"一带一路"建设给我国各地注入巨大发展能量的同时，也必将给沿线地区和国家带来实实在在的利益。

时代背景

"一带一路"：伟大事业的伟大实践

以前，丝绸之路仅仅是我们历史课本上的记忆。现在，"一带一路"成为一个由中国提出的倡议、行动，逐渐形成广泛国际合作共识。2017 年 5 月 14 日上午，习近平主席在"一带一路"国际合作高峰论坛开幕式上发表题为《携手推进"一带一路"建设》的主旨

演讲，向我们系统阐释了"一带一路"倡议的相关问题。

提出"一带一路"倡议目的何在？

首先，促进人类共同发展、共享繁荣。习近平主席在"一带一路"国际合作高峰论坛的主旨演讲中明确提出："各国之间的联系从来没有像今天这样紧密，世界人民对美好生活的向往从来没有像今天这样强烈。"其次应对全球挑战的需要。习近平主席提出："我们正处在一个挑战频发的世界。世界经济增长需要新动力，发展需要更加普惠平衡，贫富差距鸿沟有待弥合。"第三是全球治理的需要。习近平主席强调："和平赤字、发展赤字、治理赤字，是摆在全人类面前的严峻挑战。"

"一带一路"倡议继承丝绸之路什么样的精神和原则？

丝绸之路是一条和平合作之路，使用的不是战马和长矛，而是驼队和善意；依靠的不是坚船和利炮，而是宝船和友谊；丝绸之路是一条开放包容之路，不同文明、宗教、种族求同存异、开放包容，并肩书写相互尊重的壮丽诗篇，携手绘就共同发展的美好画卷；丝绸之路是一条互学互鉴之路，不同文明在这条路上交流、交融、交锋，不仅商品上互通有无，而且思想上沟通激荡，各国文化得以创新发展；丝绸之路是一条互利共赢之路，既是中国汉唐盛世的标志，也见证罗马、安息、贵霜等古国的欣欣向荣，创造了地区大发展大繁荣。

"一带一路"建设成果如何？

"一带一路"建设下的政策沟通不断深化。需要特别强调的是，"一带一路"建设不是另起炉灶、推倒重来，而是实现战略对接、优势互补。中国的"十三五"规划与俄罗斯的欧亚经济联盟、东盟的互联互通总体规划、哈萨克斯坦的"光明之路"、土耳其的"中间走廊"、蒙古的"发展之路"、越南的"两廊一圈"、英国的"英格兰北方经济中心"、波兰的"琥珀之路"等协调对接。各方通过政策对接，实现了"一加一大于二"的效果。

"一带一路"建设下的设施联通不断加强。一带一路国家发展的瓶颈是资金不足，资金不足最严重的领域是基础设施建设领域，特别是交通、能源、农业、通信等方面。中国和相关国家一道共同加速推进雅万高铁、中老铁路、亚吉铁路、匈塞铁路等项目，建设瓜达尔港、比雷埃夫斯港等港口，规划实施一大批互联互通项目。

"一带一路"建设下的贸易畅通不断提升。2014 年至 2016 年，中国同"一带一路"沿线国家贸易总额超过

3万亿美元，中国对"一带一路"沿线国家投资累计超过500亿美元。中国企业已经在20多个国家建设56个经贸合作区，为有关国家创造近11亿美元税收和18万个就业岗位。

"一带一路"建设下的资金融通不断扩大。长期以来，资本在全世界逐利，越是发达国家越容易获得资本的青睐，发展中国家长期忍受资本流入不足之苦。因此，融资成为"一带一路"建设中的中心环节。为此，中国同"一带一路"建设参与国和组织开展了多种形式的金融合作。亚洲基础设施投资银行已经为"一带一路"建设参与国的9个项目提供17亿美元贷款，"丝路基金"投资达40亿美元，中国同中东欧"16＋1"金融控股公司正式成立。

"一带一路"建设下的民心相通不断促进。"一带一路"文明、宗教、种族等大不相同，地区冲突仍是"一带一路"建设的重大现实威胁，西方舆论也不时散布中伤、诋毁言论。"一带一路"建设必须要民心相通，只有民心相通了，才能化解矛盾，让支持"一带一路建设"的正能量上升。

"一带一路"建设要朝何处发展？

习近平主席在演讲中指出，要将"一带一路"建成和平、繁荣、创新、开放和文明之路。

何谓和平之路？众所周知，古丝绸之路，和时兴，战时衰。今天"一带一路"经过的地区和国家，依然是战乱频仍，恐怖主义、极端主义、分裂主义势力威胁地区安全。"一带一路"建设既是要应对这些威胁，更是要解决这些威胁，为人类和地区人民创造一个和平发展的环境。为此，中国承诺不重复地缘博弈的老套路，不搞破坏稳定的小集团，更不会将自己的意志强加于人，而是呼吁着力化解热点，坚持政治解决；要着力斡旋调解，坚持公道正义；要着力推进反恐，标本兼治，消除贫困落后和社会不公。

何谓繁荣之路？发展是解决一切问题的总钥匙。推进"一带一路"建设，要聚焦发展这个根本性问题，以产业合作为抓手，推进互联互通，抓住新工业革命发展新机遇，促进经济、贸易、投资大发展、大繁荣、流通。中国决心加大对"一带一路"建设资金支持，向丝路基金新增资金1000亿元人民币，鼓励金融机构开展人民币海外基金业务，规模预计约3000亿元人民币。中国国家开发银行、进出口银行将分别提供2500亿元和1300亿元等值人民币专项贷款，用于支持"一带一路"基础设施建设、产能、金融合作。

何谓创新之路？就是坚持创新发展、弯道超车。我们不搞产业壁垒森严的阶梯分布，而是在加强传统产业合作的同时，向创新要发展动力，坚持两条腿走路，避免走西方主导的全球化老路。西方主导的全球化老路，使发展中国家被固化在全球产业链的低端。为此，中国愿同各国加强创新合作，启动"一带一路"科技创新行动计划，开展科技人文交流、共建联合实验室、科技园区合作、技术转移4项行动。

何谓开放之路？首先是"一带一路"倡议开放，"一带一路"建设重点面向亚欧非大陆，同时向所有朋友开放，不论来自亚洲、欧洲，还是非洲、美洲，都是"一带一路"建设国际合作的伙伴。其次是经济与贸易开放，构建开放型世界经济，维护和发展开放型世界经济，共同创造有利于开放发展的环境，推动构建公正、合理、透明的国际经贸投资规则体系，促进生产要素有序流动、资源高效配置、市场深度融合。三是建设"一带一路"自由贸易网络，助力地区和世界经济增长。本届论坛期间，中国将同30多个国家签署经贸合作协议，同有关国家协商自由贸易协定。

何谓文明之路？"一带一路"建设要以文明交流超越文明隔阂、文明互鉴超越文明冲突、文明共存超越文明优越，推动各国相互理解、相互尊重、相互信任。为此，中国将在未来3年向参与"一带一路"建设的发展中国家和国际组织提供600亿元人民币援助，建设更多民生项目。将向"一带一路"沿线发展中国家提供20亿元人民币紧急粮食援助，向南南合作援助基金增资10亿美元，在沿线国家实施100个"幸福家园"、100个"爱心助困"、100个"康复助医"等项目。将向有关国际组织提供10亿美元落实一批惠及沿线国家的合作项目。

（作者：盛玮；选自求是网2017年5月15日）

时政之窗 ★★★★

注意啦，"一带一路"给你带来这八大福利！

2017年5月14—15日，"一带一路"国际合作高峰论坛在北京开幕。有人认为"一带一路"只是外交行动，距离自己的生活太遥远。其实，"一带一路"已经真真切切地影响到了我们的生活。

福利一 护照"含金量"提高

2015年发布的《推动共建丝绸之

路经济带和 21 世纪海上丝绸之路的愿景与行动》（下称《愿景与行动》）提出：

"加强旅游合作，扩大旅游规模，互办旅游推广周、宣传月等活动，联合打造具有丝绸之路特色的国际精品旅游线路和旅游产品，提高沿线各国游客签证便利化水平。"

"推动 21 世纪海上丝绸之路邮轮旅游合作。"

也就是说，中国护照的含金量越来越高了。去"一带一路"沿线国家旅游，有望"说走就走"；国际旅游产品的档次和线路，也会更加多元全面。

截至 2017 年初，持普通护照的中国公民免签或落地签目的地已达到 60 个。中国公民申办签证也越来越便捷、手续越来越简化。目前，国内近 20 个城市设有数百个外国签证中心。英国、比利时联合推出"签证一站式"服务，法国、意大利和英国分别将签证受理时间缩短至 48 小时、36 小时和 24 小时。

福利二　"一带一路"漫游资费更便宜

为促进"一带一路"经贸、文化、旅游等领域的往来交流，中国移动持续下调通信资费，降低信息沟通成本，2017 年 5 月 1 日中国移动通信集团公司全面推出"一带一路一元"漫游资费，涉及 64 个国家和地区的国际漫游语音资费下调至 0.99 元/分钟。

福利三　买买买，海淘更便宜、更便捷

《愿景与行动》提出：

"创新贸易方式，发展跨境电子商务等新的商业业态。"

"降低非关税壁垒，共同提高技术性贸易措施透明度，提高贸易自由化便利化水平。"

这意味着，网购来自"一带一路"沿线国家的进口商品，不仅价格更便宜，品种更丰富，质量更有保证，到货速度也会变快。

2016 年，中国与"一带一路"沿线国家的进出口总额为 6.3 万亿元，占当年进出口总额的 25.69%。

2017 年 3 月，国务院正式批复，在辽宁、浙江等 7 省市设立"自由贸易试验区"。至此，中国的自贸区总数达到了 11 个。这些自贸区各具特色，将为加快推进"一带一路"建设提供重要支撑。

福利四　电子支付更方便、更安全

近几年，蚂蚁金服、腾讯等企业或在海外布局电子支付，或输出技术助力当地企业发展支付产业，在一些"一带一路"沿线国家已见成效，不仅提供信用安全保障，也让交易支付、退税等过程更加便利。

福利五 坐着高铁穿越欧亚不再是梦

《愿景与行动》提出：

"优先打通缺失路段，畅通瓶颈路段，配套完善道路安全防护设施和交通管理设施设备，提升道路通达水平。"

"增加海上航线和班次。打造'中欧班列'品牌。"这意味着，未来中国公民坐着高铁游览欧洲，饱览美景，将不再是梦。另外，常被吐槽"又少又贵"的国际航班和航线，也会有所改善，为人们省下一笔不小的路费。

2017年4月20日，中国、白俄罗斯、德国、哈萨克斯坦、蒙古、波兰、俄罗斯等7国铁路部门正式签署《关于深化中欧班列合作协议》。

2017年一季度开行中欧班列593列，同比增长175%，回程班列198列，同比增长187%。

目前，中欧班列国内开行城市已达27个，覆盖21个省区市，到达欧洲11个国家的28个城市。

福利六 海外留学更轻松、就业创业机会多

《愿景与行动》提出：

"扩大相互间留学生规模，开展合作办学。"

"促进科技人员交流，合作开展重大科技攻关，共同提升科技创新能力。"

"整合现有资源，积极开拓和推进与沿线国家在青年就业、创业培训、职业技能开发等领域的合作。"

年轻人留学选择会更多元，"一带一路"沿线也有很多好学校。除了留学，海外学术交流、就业、创业，机会多多，"大众创业、万众创新"的海外升级版值得期待。

截至目前，教育部已与46个国家和地区签订了学历学位互认协议。

截至2016年，我国高校已在境外举办了4个机构和98个办学项目，分布在14个国家和地区，大部分在"一带一路"沿线地区。

福利七 遍览"一带一路"好书、好电影

《愿景与行动》提出：

"支持沿线国家地方、民间挖掘'一带一路'历史文化遗产，联合举办专项投资、贸易、文化交流活动，办好丝绸之路（敦煌）国际文化博览会、丝绸之路国际电影节和图书展。"

"沿线国家间互办文化年、艺术节、电影节、电视周和图书展等活动，合作开展广播影视剧精品创作及翻译。"

沿线国家的优秀电影正陆续来袭，

顶尖艺术家还将奉上经典芭蕾、歌剧。至于阅读爱好者，来自亚欧各国的文学精品也将尽收眼底。

截至 2016 年年底，在沿线国家设立了 11 个中国文化中心。

2017 年北京国际电影节，设置"一带一路"展映单元，集合沿线国家佳片《牛奶配送员的奇幻人生》《推销员》《罗莎妈妈》等。

福利八　大饱口福！餐桌越来越丰盛

2000 多年前，在来往商队的驼铃声中，异域的一些饮食得以传到中国。如今，随着"一带一路"建设的推进，各种特色美食更加丰富多样。土耳其的无花果干、越南的咖啡、斯里兰卡的红茶、阿联酋的椰枣都进了中国消费者的购物车；沿线国家的美食料理，出现在了我们的日常菜单。

2015 年，中国"一带一路"美食旅游联盟在银川成立，并同时发布了《中国"一带一路"美食旅游联盟宁夏宣言》。

数据显示，2014 年我国进口食品达 482.4 亿美元，10 年间增长了 4.2 倍。其中，泰国、马来西亚等东盟国家增长较快。2010 至 2015 年，中国各地检验检疫机构共检验检疫进口食品 1.6 亿吨、2203.2 亿美元，进口食品贸易额增长 22.6%。

如今，不仅仅是泰国餐厅、德国餐厅这些常见的外国餐厅，格鲁吉亚餐厅、巴基斯坦餐厅这些"小众"料理，也渐渐多了起来。

（选自《人民日报》2017 年 5 月 17 日）

生活观察 ★★★★

伊朗商人哈米的"丝路中国梦"

浙江义乌是全球最大的小商品市场，有 100 多个国家和地区的 1.5 万名境外客商常驻于此。伊朗客商哈米就是其中的一员，他的家安在义乌鸡鸣山社区，这个社区素有"联合国社区"之称。

"我喜欢义乌，觉得这个城市机会很多，现在感觉她就像自己的老家，是第二个故乡。"

今年是哈米来中国的第 12 个年头，这位中国女婿自豪地称自己是"新义

哈米

乌人"。2007年，哈米成立了义乌市第一家由外国人成立并拥有进出口权利的外贸公司。他至今还记得为了成立公司，他整整跑了8个月的时间。那时候，中国没有跟国外做生意的先例，各种规定不明确，义乌、金华都不能解决，自己到了杭州、上海，最后把文件寄到北京才能做。

按照当时的规定，外国人不能单独在中国开公司。如今，义乌作为我国唯一一个国际贸易综合改革试点县，降低了外商注册企业门槛，灵活便捷地采购和报关程序，改变的不仅仅是速度，更是成本。哈米说，现在注册公司只要符合条件，最快只需一周时间。不管是办事处还是办公司，现在只要是资料齐全，很快就能办下来，工作签证也是40天就能全部搞定。

经过10多年的打拼，哈米的公司已经分布伊朗、法国和中国的北京、广州、杭州，业务也做到了加拿大、美国和欧洲各国。每月，仅地面砖一项业务他就要向伊朗国内发出50个集装箱。业务做大了，怎么把货物顺利地运出去一直是哈米最头疼的事儿。铁路不通，有昂贵的转运成本；海运，近1个月的航程，风险太高。

哈米回忆，5年前，海运方面安全有问题，波斯湾走不通就考虑到铁路的事。那个时候"一带一路"还没有提出，以前其他国家的铁路和中国的铁路不对接，铁路运输费用很高。

如今，从马德里往返义乌的"义新欧"铁路开通，义乌到哈萨克斯坦阿拉木图的班列实现常态化运行，义乌机场对外开放航空口岸。公路、铁路、航空运输及国际集装箱陆海联运等多种联运模式，让义乌形成了网点最齐全、效率最高、成本最低的大物流。这也给哈米的贸易带来更大的便利。他说，现在从义乌已经有铁路到西班牙的马德里，能通过一两个国家到伊朗。铁路和海运一起，可以省很多路，时间方面会快一个星期左右。

目前，义乌市开始打造国际贸易体制机制创新区和全球新兴市场经贸合作区，探索"新丝绸之路"的通关协作机制，以实现国际铁路专列与口岸海关间的无缝对接。在哈米位于义乌时代广场29楼的公司里，桌上一叠厚厚的报关单，显示的是公司最近一个星期的走货量，几千万的货值。哈米说，丝路经济带的开通，使自己变得更忙碌了。

哈米说："对我来说，机遇和挑战是并存的。以中国发展的速度，如果让我按照老样子，是跟不上的。我一直在学习外贸知识，看能不能在中国开办工厂。以前考虑的怎么把中国的货出口到伊朗，现在觉得中国做这么多产品，肯定会有很多原材料供应不足，所以这几年进口方面也在做，以后会越来越好。"

（作者：陈瑜艳；选自央视网 2015 年 11 月 24 日）

"一带一路"是世界上最大的民生工程

2017 年 5 月 15 日，在雁栖湖国际会议中心举行的"一带一路"国际合作高峰论坛的圆桌峰会上，习近平主席说了这么一句话，我们要"共商合作大计，共建合作平台，共享合作成果，让'一带一路'建设更好造福各国人民"。那么"一带一路"怎么造福各国人民呢？"一带一路"会给中国的老百姓会带来什么好处呢？

我先讲几个故事来说明。第一个故事是我们去巴基斯坦的时候，看到巴基斯坦人民见到中国人就拥抱合影，对中国人非常友好，我作为一个中国人感到十分自豪。在 20 世纪 60 年代，中国帮巴基斯坦修了喀喇昆仑公路，从新疆的喀什一直修到了伊斯兰堡。在海拔几千米高的地方修路极其艰难，对此，巴基斯坦朋友感动地说，我们的友谊像喜马拉雅山一样高，像印度洋一样深。如今，对于中巴经济走廊的建设，他们说两国之间的友谊会比蜜还要甜，比钢还

要硬。所以，"一带一路"就是要点一盏灯，让世界人民看到光明。当然，"一带一路"建设不是简单的对外援助，沿线国家不仅接受中国发的"红包"，将来也会给中国发"红包"。中国大量的产能会走向这些国家，给他们创造就业机会的同时，也给我们的公司带来巨大的利润。"一带一路"就是要培育沿线国家的经济增长点，同时给中国的经济发展带来持续的增长空间。

另外一个故事是我们在非洲做调研的时候，了解到非洲现在有 5 亿多人还没有用上电。他们以前买苹果手机，不仅很贵，而且苹果手机非常耗电，而他们两三天才能到城镇里面去充一次电。后来，华为手机来到非洲，非洲朋友发现华为手机的电量可以用好几天，待机时间很长，价格也比苹果手机便宜很多，非洲朋友非常喜欢。"一带一路"的关键就是基础设施的互联互通，我们在非洲建设"三网一化"工程，即高速公路网、高速铁路网、区域航空网、基础设施的工业化。整个非洲搭上了"一带一路"的快车。非洲人民到中国来，不再只是要援助，而是招商引资。这些都是在学习中国改革开放的经验，脱贫致富的经验。现在有三句话在非洲很流行，就是中国人常讲的"要致富，先修路；要快富，修高速；要闪富，通网

路"。可以说，非洲是"一带一路"合作里最容易出亮点、充满希望的大陆。

最后一个故事回到中国，我们知道古代的丝绸之路给我们带来了番茄、石榴、胡椒，那么今天的"一带一路"会给我们的生活带来哪些变化呢？我们知道，飞机运输价格很贵，而海上大规模的运输周期非常长，现在中欧班列开通以后，老百姓的生活更加便捷了。比如在郑州，我们发现超市里有德国的、比利时的啤酒，居然比我们在当地买还要便宜。那是因为超市直接从中欧班列的物流中心买，是批发价，而我们在欧洲当地买的话是零售价。郑州现在有非常洋气的酒吧，很多外国朋友也愿意在郑州生活了，郑州人也可以享受到更多"一带一路"带来的好处。所以，"一带一路"不仅是造福沿线各国人民，也造福于我们中国人。

"一带一路"是世界上最大的民生工程。"一带一路"建设将资金投向实体经济、基础设施和民生，让沿线发展中国家可以更多地实现弯道超车，让世界看到光源。这是我们的担当，也是我们经济发展的机会。为人民服务，为"一带一路"的人民服务，这也是"一带一路"的精髓。

（作者：王义桅；选自光明网 2017 年 5 月 25 日）

深度思考

惠及世界的中国行动

"一带一路"倡议提出以来，从无到有、由点及面，进度和成果超出预期，一系列重大项目落地开花，一批有影响力的标志性项目逐步实施。以共商、共建、共享原则为遵循，一个更加紧密和强劲的伙伴关系网络正在世界范围内积极构建；以开放包容、合作共赢理念为引领，更加公正、合理和均衡的全球治理体系正在推进发展。

倡议来自中国，成果正在惠及世界

瓜达尔，在乌尔都语中是"风之谷"之意，海风日夜不息地吹打着亘古延绵的裸露砂山。历史上，东印度公司的探险家曾用"崎岖而老旧"来形容这片土地。而今天，作为促进中巴"一带一路"合作的旗舰项目，瓜达尔港在巴基斯坦人民眼中，是国家振兴的梦想之地。

"今天标志着新时代的黎明。" 2016 年 11 月 13 日，瓜达尔港举行开航仪式，巴基斯坦总理谢里夫主持仪式，并见证第一艘中国商船出发。随着瓜达尔港建设日渐完善，港口及自由区

项目建设稳步推进，过去的小渔村正逐步成为备受瞩目的国际化港口和投资乐园。

时间跨入 2017 年，"一带一路"的朋友圈不断扩大，成果令人目不暇接——

4 月 4 日，由中国与印度尼西亚企业合作建设的雅加达至万隆高速铁路总承包合同在印尼首都雅加达签署，这标志着作为"一带一路"建设早期重要成果的雅万高铁进入全面实施阶段。

4 月 10 日，在缅甸西海岸的马德岛港，耸立港口的两条巨大卸油臂分别降下，与运载 14 万吨原油的油轮输油管口对接，油轮运载的原油开始向港口卸载，中缅原油管道工程宣告正式投入运行。中缅原油管道和已于 2013 年 10 月建成投产的天然气管道共同组成中缅油气管道项目，是"一带一路"上互利共赢的代表性项目。

4 月 20 日，中国、白俄罗斯、德国、哈萨克斯坦、蒙古、波兰、俄罗斯 7 国铁路部门签署《关于深化中欧班列合作协议》，各方将合力打造中欧班列国际物流品牌。截至目前，中欧班列已累计开行 3000 多列，国内开行城市已达 27 个，覆盖 21 个省区市，到达欧洲 11 个国家的 28 个城市。

4 月 23 日，世界银行与亚洲基础设施投资银行在华盛顿签署了一项备忘录，以加深双方未来合作。几年来，在"一带一路"倡议之下，中国与沿线国家共同探寻经济利益的"最大公约数"。由中方发起的亚投行开业运营，成员总规模已扩大到 84 个；丝路基金首批投资项目已正式启动，实际拨付投资金额已达 53 亿美元。

4 月 27 日，中国国际航空公司宣布，将于今年 6 月份相继开通北京—阿斯塔纳、北京—苏黎世两条直飞航线。两座城市均位于"一带一路"重要节点，两条航线的开通也将为往返于中国和欧亚大陆之间的旅客提供更多便利。

和则强，孤则弱。目前，我国与"一带一路"沿线国家已经签署了 130 多个涉及铁路、公路、海运、航空和邮政的双边和区域运输协定。中巴经济走廊"两大"公路和瓜达尔港、斯里兰卡科伦坡港及其港口城和汉班托塔港、肯尼亚蒙内铁路、希腊比雷埃夫斯港、澜沧江—湄公河国际航道整治工程以及中俄跨境桥梁等重大交通基础设施项目相继启动或投入运营。

中欧班列、跨境大桥、水电站等一批标志性设施工程落地开花；跨境电商、合作工业园等创新举措有力保障贸易畅通；从成立金砖国家开发银行、亚投行，到出资 400 亿美元成立丝路基金，资金融通产生强大发展动力；跨境旅游持续火爆、"汉语热"兴起，中国与沿线各国的文化认同不断增强……

"求木之长者，必固其根本，欲流之远者，必浚其泉源。"目前，世界经济仍处于国际金融危机发生以后的深度调整期。世界经济增长新动力尚未形成，以"一带一路"建设为契机，开展跨国互联互通，提高贸易和投资合作水平，推动国际产能和装备制造合作，本质上是通过提高有效供给来催生新的需求，实现世界经济再平衡。

唤醒历史的辉煌记忆，铸造明天的梦想

广西北海，这个"一带一路"交会对接的重要门户，有着"古代"和"现代"跨越千年时空的深情"凝望"——

在合浦的汉代文化博物馆内，中国的青铜器、波斯的陶器、古罗马的玻璃碗……件件精美文物共同映射着2000多年前合浦商贾云集、贸易往来的繁荣，见证着合浦作为海上丝绸之路早期始发港的历史；同处北海的铁山港码头，作为北部湾港的重要组成部分，承接产业转移、发展港口物流、布局重大临海工业、拓展对外贸易，正在书写新世纪海上丝路的新篇章。

驼铃悠悠。新疆地处亚欧大陆腹地，与哈萨克斯坦、塔吉克斯坦、阿富汗等8个国家接壤，曾是古丝绸之路的重要组成部分。如今，新疆积极打造班列集结中心，构建"东联西出"物流大通道；打造国际医疗服务中心，提供跨境医疗服务；建立跨境自由贸易区，推动国际经贸合作与文化交流……昔日驼队经过的地方，正成为中国向西开放的最前沿，焕发出新生机。

在古老的山城重庆，"渝新欧"铁路常态化运营后，货物从这里运到德国只需要12天。"一带一路"倡议之下，作为内陆城市的重庆正把发展目光紧盯东部海洋，加快产业结构调整，加强基础设施建设和国际经贸合作，逐渐成为长江上游地区综合交通枢纽和国际贸易大通道的起点。

从白俄罗斯首都明斯克向东行25公里，是一片绿树环绕的新兴工业园区，那就是丝绸之路经济带上的新地标——中白工业园。在园区门口，伫立着一块雕刻着英文"GREAT STONE"（巨石）的石头，它是园区的名字，也寓意"将中白工业园打造成奠定中白合作的友好巨石"。

2015年5月，中国国家主席习近平在同白俄罗斯总统卢卡申科会谈时指出，要将园区项目打造成丝绸之路经济带上的明珠和双方互利合作的典范。

2017年4月13日，中国商务部发布消息称，中白工业园已迈入开发和运营并举的关键阶段。

驼铃相闻，舟楫相望。位于西亚的沙特阿拉伯，处于"一带一路"西端交汇地带，明代郑和下西洋时，其船队就曾到访过今天的吉达、麦加等地，历史和地理渊源决定了沙特是共建"一带一路"的天然合作伙伴。2016年1月20日，中国国家主席习近平与沙特国王萨勒曼共同出席中沙延布炼厂投产启动仪式。延布炼厂是中国石化首个海外炼化项目，也是中国在沙特最大的投资项目，作为中国炼化技术走出去的"国家名片"，中沙延布炼厂拥有世界领先的炼化设施。

商务部数据显示，2017年一季度，中国与"一带一路"沿线国家在经贸合作领域保持良好发展势头，双边货物贸易总额超过16553亿元人民币，同比增长26.2%。其中，对沿线国家出口9376亿元，同比增长15.8%，占同期中国出口总额的28.2%；中国自沿线国家进口7177亿元，同比增长42.9%，占同期中国进口总额的25.0%。

近年来，在"一带一路"开放包容的理念下，政策沟通、设施联通、贸易畅通、资金融通和民心相通等"五通"产生了大量创新成果，互利共赢让各国人民充分尝到了发展的"甜头"。

在当前世界经济持续低迷的情况下，支持沿线国家推进工业化、现代化和提高基础设施水平的迫切需要，有利于稳定当前世界经济形势。通过战略对接，"一带一路"为世界提供了物质、制度和精神的公共产品，特别是基础设施的互联互通，体现出民生、发展导向。

造福沿线各国人民，促进共同繁荣发展

"红豆生南国，春来发几枝。愿君多采撷，此物最相思。"落日余晖中，这首中国古诗正被一群柬埔寨籍员工和儿童朗读着。

位于柬埔寨西哈努克省的西哈努克港经济特区（简称西港特区），是由中国红豆集团主导，联合中柬企业共同开发建设的国家级境外经贸合作区，是中国首批8家境外经贸合作区之一，也是"一带一路"上的标志性项目。

截至目前，西港特区已累计引入来自中国、欧美、日韩等国家和地区的企业109家，带动1.6万人就业。当地有70%以上的家庭都有人在特区工作，这些家庭年收入普遍在一两千美元以上，生活水平有了很大提高。未来全部建成

后，可形成 300 家企业入驻，带动 8 至 10 万产业工人就业。

"落其实思其树，饮其流怀其源。"

缅甸的马德岛，是印度洋孟加拉湾中一个只有 12 平方千米的孤岛，曾经是原始森林覆盖之地，没有公路、河流、湖泊。"一带一路"的建设，使马德岛从千年荒岛变身现代化海港，当地不仅收获了现代化的港口、石油管道、税收和基础设施等一系列建设成果，老百姓的生活也获益多多。

过去，马德岛上的地质以泥岩为主，基本打不出水来，岛上居民主要靠积攒雨水生活。现在，这里的居民全部用上了清洁的自来水。每到传统节日泼水节，当地居民再也不必因缺水而泼洒泥浆了，他们尽情地泼洒着干净的自来水，表达着对美好生活的祝福和对中缅油气管道工程的真诚谢意；2015 年年初，岛上有了手机信号，居民的生活跟上了时代发展的节拍。过去，岛上每天供电只有 3 小时，现在家家户户实现 24 小时供电；由零公路到几乎村村通公路，由无移动电话信号到装上 3G 信号通信基站；岛上有了农用柴油车、摩托车，建起了学校、医疗站，居民生活发生了巨大变化。

在巴基斯坦，中国企业参与到瓜达尔港建设后，职工培训中心、现代化医院、海水淡化厂等当地民众渴盼的事物一件件成为现实。"中国是一个负责任的世界大国，发展势头强劲，中巴双方正在建设中巴经济走廊，这对巴基斯坦的经济发展十分有利。'一带一路'建设将使沿线国家从中受益。"中石化的巴基斯坦籍员工哈立德说。

在希腊，中国企业接手举步维艰的比雷埃夫斯港项目后，不光扭亏为盈，还一直坚持不轻易解雇员工。他们还为员工专门提供希腊式的午餐，"尊重""公平"成了当地员工夸赞最多的关键词。

"志合者，不以山海为远。""一带一路"建设是开放包容的，中国欢迎各方搭乘中国发展的快车、便车，"一带一路"推动了经贸、交通方面实现全面对接，民心所向，众人拾柴火焰高。据统计，东盟国家赴华留学生已从 2010 年的约 5 万人增长到 2016 年的 8 万多人，越来越多的东南亚学生选择"逐梦中国"，共同架起友好往来、互利共赢的连心桥。

（作者：张翼、刘坤；选自《光明日报》2017 年 5 月 5 日）

【思考】全球贸易自由化面临严峻挑战，多个区域合作多边机制遭遇梗阻。在此背景下，中国提出的"一带一路"倡议、行动，正逐渐形成国际合作的广泛共识，100 多个国家和国际组织积极响应支持，40 多个国家和国际组织同中国签署合作协议。2016 年 11 月 17 日，"一带一路"倡议首次写入第 71 届联合国大会决议；2017 年 3 月 17 日，联合国安理会通过第 2344 号决议，首次吸收"构建人类命运共同体"理念，呼吁通过"一带一路"建设等加强区域经济合作。中国方案为何富有凝聚力？

六 像石榴籽一样紧紧抱在一起

改革开放多年来，从雅鲁藏布江畔到长白山下，从西双版纳热带雨林到呼伦贝尔大草原，我国少数民族自治地区在党的民族政策指引下，发生了广泛深刻的变革，呈现出经济繁荣、政治安定、文化发展、社会和谐、民族团结的景象。

少数民族地区逐步进入富裕、文明、进步的时代，从经济飞速发展，到社会公共事业大踏步前进……从各方面看，少数民族是中国受益最多的群体之一。

习近平总书记在党的十九大报告中指出，深化民族团结进步教育，铸牢中华民族共同体意识，加强各民族交往交流交融，促进各民族像石榴籽一样紧紧抱在一起，共同团结奋斗、共同繁荣发展。

不能让一个兄弟民族掉队！在中共中央、国务院的坚强领导和有力支持下，一系列强有力的扶持政策和优惠措施，把少数民族和民族地区的发展推上了不断提速的快车道。

团结进步共发展，美好未来齐开创。展望未来，各民族共同团结奋斗，民族团结进步的事业将结出更丰硕的果实；各民族共同繁荣发展，中华民族伟大复兴的道路将越走越宽广。

时代背景

不能让一个兄弟民族掉队

"我们并不陌生，因为有书信往来。"

2015年1月20日，春城阳光灿烂。正在云南考察的中共中央总书记、国家主席、中央军委主席习近平傍晚在驻地宾馆亲切会见了怒江州贡山独龙族怒族自治县干部群众代表。

这是一次惦记在心、期盼已久的见面。

独龙族是我国28个人口较少民族之一，也是中华人民共和国成立初期一个从原始社会末期直接过渡到社会主义社会的少数民族，主要聚居在地处深山峡谷中的贡山县独龙江乡，自然条件恶劣，仅有一条公路通往外界，每年有半年大雪封山、与世隔离，一直是云南乃至全国最为贫穷的地区。

2014 年元旦前夕，贡山县干部群众致信习近平总书记，汇报了当地经济社会发展和人民生活改善的情况，报告了多年期盼的高黎贡山独龙江公路隧道即将贯通的消息。习近平总书记接到信后立即给他们回信："向独龙族的乡亲们表示祝贺！"希望独龙族群众"加快脱贫致富步伐，早日实现与全国其他兄弟民族一道过上小康生活的美好梦想"。

回信一年多了，高黎贡山隧道建设得怎样？独龙族干部群众生活发生了怎样的变化？带着对贡山县干部群众尤其是独龙族乡亲们的惦念，习近平总书记在这次紧张的云南之行中特地抽出时间，把当初写信的 5 位干部群众和 2 位独龙族妇女，专程接到昆明来见面。

见面现场气氛十分融洽。习近平认真倾听……

习近平对大家说："我今天特别高兴，能够在这里同贡山独龙族怒族自治县的代表们见面。独龙族这个名字是周总理起的，虽然只有 6900 多人，人口不多，也是中华民族大家庭平等的一员，在中华人民共和国、中华民族大家庭之中骄傲地、有尊严地生活着，在中国共产党领导下，同各民族人民一起努力工作，为全面建成小康社会的目标奋斗。"

他接着表示："你们生活在边境地区、高山地带，又是贫困地区，在新中国成立以前生活在原始状态里。新中国成立后，在党和政府关心下，独龙族从原始社会迈入社会主义，实现了第一次跨越。新世纪以来，我们又有了第二次跨越：同各族人民共同迈向小康。这个过程中，党和政府、全国各族人民会一如既往关心、支持、帮助独龙族。"

总书记指出，独龙族和其他一些少数民族的沧桑巨变，证明了中国特色社会主义制度的优越性。前面的任务还很艰巨，我们要继续发挥我国制度的优越性，继续把工作做好、事情办好。全面实现小康，一个民族都不能少。

习近平说："我来见大家，就是鼓励你们再接再厉，也是给全国各族人民看：中国共产党关心各民族的发展建设，全国各族人民要共同努力、共同奋斗，共同奔向全面小康。"

告别的时候到了，人们纷纷走上前，簇拥在总书记周围。

习近平同乡亲们挥手作别，走出会议室。乡亲们恋恋不舍地一直跟着，走出 10 多米远……

"'不能让一个兄弟民族掉队'，总书记这么重视少数民族和民族地区发展，我心里感觉有希望，每个民族都有希望。"这次特殊的会见，让参加会见的乡亲们感慨万千，对未来更加充满信心。

（作者：李斌、李自良；选自《人民日报》2015年1月23日）

时政之窗 ✦✦✦✦

习近平总书记关于做好民族工作的重大论断

多民族是我国的一大特色。处理好民族问题、做好民族工作，是关系祖国统一和边疆巩固、关系民族团结和社会稳定、关系国家长治久安和中华民族繁荣昌盛的大事。在习近平看来，必须从战略全局高度，谋长远之策，行固本之举，建久安之势，成长治之业。十八大以来，习近平总书记站在全局和战略的高度系统阐述了民族工作。

坚持中国特色解决民族问题的正确道路

中国特色解决民族问题的正确道路，就是坚持在中国共产党领导下，坚持中国特色社会主义道路，坚持维护祖国统一，坚持各民族一律平等，坚持和完善民族区域自治制度，坚持各民族共同团结奋斗、共同繁荣发展，坚持打牢中华民族共同体的思想基础，坚持依法治国，加强各民族交往交流交融，促进

各民族和睦相处、和衷共济、和谐发展，巩固和发展平等团结互助和谐的社会主义民族关系，共同实现中华民族伟大复兴。

——《在中央民族工作会议上的讲话》（2014年9月28日）

做民族团结重在交心

做好民族工作，最关键的是搞好民族团结，最管用的是争取人心。我们要高举各民族大团结的旗帜，坚持绵绵用力、久久为功，把加强民族团结作为战略性、基础性、长远性工作来做。人心是最大的政治。人心在我，各族人民就能众志成城。民族团结说到底是人与人的团结。船的力量在帆上，人的力量在心上。做民族团结重在交心，要将心比心、以心换心。党政机关、企事业单位、民主党派、人民团体都要行动起来，一起做交流、培养、融洽感情的工作，一起共创共建，民族团结、社会稳定、国家统一的人心防线就一定能筑得牢牢的。

——《在中央民族工作会议上的讲话》（2014年9月28日）

用法律来保障民族团结

用法律来保障民族团结。法令行则国治，法令弛则国乱。只有树立对法律的信仰，各族群众自觉按法律办事，民

族团结才有保障，民族关系才会牢固。涉及民族因素的矛盾和问题，有不少是由于群众不懂法或者不守法酿成的。这些矛盾和问题，虽然带着"民族"字样，但不都是民族问题。要增强各族群众法律意识，懂得法律面前人人平等，谁都没有超越法律的特权。要严格区分两类不同性质的矛盾，是什么问题就按什么问题处置。不能因为当事人身份证上写着"某某民族"就犯嘀咕、绕着走，处理起来进退失据。对极少数蓄意挑拨民族关系、破坏民族团结的犯罪分子，对搞民族分裂和暴恐活动的犯罪分子，不论什么民族出身、信仰哪种宗教，都要坚决依法打击。

——《在中央民族工作会议上的讲话》（2014年9月28日）

发展是解决民族地区各种问题的总钥匙

发展是解决民族地区各种问题的总钥匙。关键是实现什么样的发展。"安民可与为义，而危民易与为非。"要多办一些顺民意、惠民生的实事，多解决一些各族群众牵肠挂肚的问题。对口支援的项目和资金，不能用钱砸形象，而是要着力提供基本公共服务和改善民生。就业是社会稳定的重要保障。一个人没有就业，就无法融入社会，也难以增强对国家和社会的认同。失业的人多了，社会稳定就面临很大危险。有的民族地区就业问题突出，必须坚持就业第一，增强就业能力，拓宽就业渠道，扩大就业容量，切实把这个民生头等大事抓好。民族地区发展二、三产业，开发项目、建设重点工程，无论谁投资，都要注重增加当地群众就业、促进当地群众增收。

——《在中央民族工作会议上的讲话》（2014年9月28日）

像石榴籽那样紧紧抱在一起

我国是统一的多民族国家，一部中华民族史就是一部各民族团结凝聚、共同奋进的历史。民族团结是各族人民的生命线，是新疆发展进步的根本基石，也是13亿多中国人民的共同意志。要维护民族团结，加强军政团结、军民团结、警民团结、兵地团结，筑牢各族人民共同维护祖国统一、维护民族团结、维护社会稳定的钢铁长城。要全面贯彻党的民族政策，高举各民族大团结旗帜，引导各族群众增强对伟大祖国、中华民族、中华文化、中国共产党、中国特色社会主义的认同，像爱护自己的眼睛一样爱护民族团结，像珍视自己的生命一样珍视民族团结，像石榴籽那样紧紧抱在一起。要持续开展好"民族团结一家亲"和民族团结联谊活动，把民族团结落实到日常生活工作学习中，贯穿到学校教育、家庭教育、社会教育各环节各方面，让民族团结之花常开长盛。

——在参加十二届全国人大五次会议新疆代表团审议时的讲话（2017年3月10日）

生活观察 ★★★★★

买买提·卡斯木老人的"网红梦想"

在新疆库车县比西巴格乡林场吾斯塘博依村，一位老人一直是村里的"明星"，虽然他没有昂贵的出场费，但是他走到哪里，哪里就充满了欢声笑语。他叫买买提·卡斯木，爱唱红歌的他，今年却开始研究手里的"高科技玩意儿"：手机和自拍杆。

买买提·卡斯木在大型网络文化活动"融情·微纪录"启动仪式上用手机进行拍摄

7月22日，在村委会小广场举行的大型网络文化活动"融情·微纪录"启动仪式上，头戴花帽、衣着整洁的买买提·卡斯木不停地用带着自拍杆的手机拍下现场的一幕幕场景。他笑着说："我今年刚73岁，不老，我要用手机记录下村里民族团结的好故事。"

自己成为好故事的主角

为了学习手机拍摄，老人还和儿子吐尔地·买买提红过脸。那是2016年年初，买买提·卡斯木发现家门前时常有年轻人扎堆在一起，手里拿着一根长长的细杆绑着手机，摆弄着各种姿势对着自己拍照。老人困惑年轻人的怪异行为，但是又不好意思问，只好回家求助在警务室工作的儿子。

"他们是在用手机记录生活中有趣的事情，存到手机里的照片或视频，可以经常拿出来看。"吐尔地·买买提告诉老人。

"儿子，这个东西该咋用?""爸爸，这个太复杂了，你学不会的。"儿子的一番话"激怒"了老人。

这之后儿子开始领教了爸爸的倔劲儿。买买提·卡斯木只要见到村里的年轻人就虚心求教，儿子只好"投降"给父亲当起了师傅。儿子说："他年纪大了，手摁久了就累得慌，手还老抖，也不会聚焦，刚开始时拍出来的照片不是虚了，就是人拍不全，一直练习了两个月，终于学会了操作。"

就在半个月前，儿子给父亲换了一部大屏的手机，便于他拍照。这段故事后来被拍进了微视频：《买买提·卡斯木老人的一天》，成了"融情·微纪录"开幕式上吸引笑声最多的作品。

用手机记录民族团结故事

买买提·卡斯木手机里存储了许多照片和视频：6月19日，村民鲁慧芳将一名维吾尔族妇女送到县城医院治病；开斋节，他和邻居一起共度节日；还有睡觉的外孙和家里的各色美食……他的手机里有300多张（段）图片和视频，都是关于家里的大事小事和村里的民族团结故事。

为什么记录这些？这还有一段往事。1960年，买买提·卡斯木的母亲生病了，从部队上退伍来到村里的汉族医生许希经常来家里免费为母亲看病送药，这一看就是6年。1961年，村里来了几户汉族邻居，此后越来越多的汉族人在村里扎根。

1976年初，他萌生了将新闻里的大事和村里民族团结的故事记录下来的念头。从那年11月起，买买提·卡斯木开始写日记，这一写就是39年，从未间断。如今他写的文字内容已经有50多万字、26个本子。其中就记载了2002年，汉族村民田开林的18亩大棚蔬菜遭遇风灾，村支书艾买提·依明带领全村的村民都过去帮忙，帮田开林一家把损失降低到了最低的感人故事。

可是记在本子上的内容一次只能有一个人看，买买提·卡斯木想方设法琢磨怎么宣传让更多的人知道他们村民族团结的故事，以及村里这些年的巨大变化。当他学会了用手机拍摄照片和视频后，他知道这就是实现梦想的工具。

当宣传民族团结的"网红"

"现在政府优惠政策多了，村里人慢慢富起来了，很多人从事的工作都是政府出资资助的，政府还帮助年轻人外出务工。"买买提·卡斯木说，"我就是想宣传身边的人、身边的事，让大家更加懂得珍惜民族团结。只要我还能动弹，我就一直拍下去，一直写下去。"

买买提·卡斯木用手机拍摄民族团结的故事也感动了村里的一批人。现在他有了自己固定的粉丝团，成员从20岁到70岁的人都有。54岁的邻居托合木·尼牙孜说："他是个好人，他做的都是好事，村里人都说学会拍照片的买买提·卡斯木跟以前不一样了，走到哪里都要拍几张，自己乐得跟喝了蜜似的。"

买买提·卡斯木自拍的视频，都是宣传民族团结的故事，他还把民族团结的视频内容全部用文字写进日记之中："我以后还要学习上网传视频，要把民族团结的故事传到千家万户。"

（作者：周志东；选自《乌鲁木齐报》2016年7月25日）

爱心妈妈阿尼帕：为各族孤儿撑起一片天

在新疆维吾尔自治区阿勒泰地区的青河县，有一位伟大的维吾尔族母亲阿尼帕·阿力马洪。从1963年开始，她和丈夫阿比包先后收养了汉族、回族、维吾尔族、哈萨克族4个民族的10个孩子，为各族孤儿撑起了一片天。

2009年，在"爱我中华——民族团结专题晚会"现场，阿尼帕亲切抚摸她曾抚养的孩子们的照片

1956年，阿尼帕跟随家人从喀什迁到青河县。不久后，阿尼帕的父母相继病逝。6个兄妹中，年龄最大的阿尼帕承担起了生活的重担，并嫁给了从部队转业回来、在青河县公安局工作的维吾尔族小伙子阿比包。1963年，阿尼帕已是6个孩子的母亲，加上弟弟妹妹在内，10口之家的生活全靠着丈夫每

月45元的工资支撑着。这年冬天，阿尼帕的哈萨克族邻居亚和甫夫妇不幸相继去世，撇下3个儿子。阿尼帕深知失去父母后的孤单无助，与善良的丈夫商量后，夫妻俩将3个孤儿带回了家。

1977年，阿尼帕夫妇又收养了回族姑娘王淑珍。小淑珍的身世坎坷，她的父亲去世后，11岁的王淑珍和她的兄妹随母亲改嫁到汉族继父家。不久，母亲撒手人寰，继父又体弱多病，因此兄妹几个流浪街头。王淑珍在流浪街头时遇到了阿尼帕，阿尼帕心疼不已，将蓬头垢面、还患有严重"头癣"的小淑珍领回家悉心照料，并给她取了一个维吾尔族名字"哈比扎"，意思是"维护、保护"。后来，阿尼帕又收养了王淑珍的哥哥和2个妹妹，以及她继父去世时留下的3个汉族孤儿。这样，加上自己的9个儿女，阿尼帕就有了4个民族的19个儿女。

收养这些不同民族的孩子，阿尼帕和丈夫付出了难以想象的艰辛。为了不让孩子们饿肚子，阿比包每天下了班就去打土坯卖钱，并帮别人宰牛宰羊。阿尼帕也经常去挖野菜、捡麦穗。为了贴补家用，阿尼帕还曾在青河县食品厂清洗羊肚和羊肠。家里虽然养了两头奶牛，但谁也不舍得喝奶，牛奶全部被拿到市场换钱，用来支付孩子们的学费、

购买生活必需品。

为了给一家 20 多口人做饭，阿尼帕专门买了一口直径 1.2 米的铁锅。一到吃饭的时候，一家人围坐在大锅旁有说有笑，简陋的小屋里充满了温情。邻里乡亲们给这口锅起了个好听的名字——"团圆锅"。谁家里有喜事，都会借阿尼帕家的大锅去做抓饭、炖羊肉。大家认为，只要用了这口锅，家里就会像阿尼帕家一样团结、和睦、幸福。

阿尼帕夫妇不仅让孩子们吃饱饭，还倾力送孩子们去上学。家里用不起电灯，阿尼帕就用破棉絮搓成条，做成小油灯。孩子们就在这一盏盏跳动的灯光下读书学习。在阿尼帕夫妇的努力下，孩子们没有一个因为家里贫穷而辍学。夫妇俩含辛茹苦地将这些不同民族的孩子抚养成人，无论经历怎样的困难，他们始终没有动摇过。阿尼帕常说："不管哪个民族，都是一家人。"在她和丈夫眼里，19 个孩子没有亲生和收养之别，更没有民族之分。

正是因为阿尼帕对这个特殊大家庭付出的艰辛，让兄弟姐妹们早早就懂得了珍惜，也懂得了相互关爱。如今，阿尼帕的孩子们都已成家立业，但孩子们无论走到哪里，依然惦记着自己的母亲。逢年过节，孩子们总会想方设法赶

回来陪老人住几天。阿尼帕的爱心也深深地影响着孩子们，他们也都尽力去帮助有困难的人。

多年来，除了收养各族孤儿，阿尼帕夫妇还帮助寻亲无望、差点自杀的哈萨克族姑娘古丽找到工作，为大龄孕妇江阿古丽筹资、并召集儿女为她献血，热情帮助在牧区的哈萨克牧民……2008 年汶川大地震发生后，阿尼帕还找到民政部门要求再收养 10 个孤儿。在阿尼帕的感召下，全县有 10 多个家庭向民政部门提出收养地震孤儿的请求。牧民们赶着牛羊来县城捐款，在这个贫困县，各族人民向地震灾区捐款竟达130 多万元。

阿尼帕妈妈的事迹感动了全社会。2009 年，阿尼帕被国务院授予"全国民族团结进步模范个人"荣誉称号，被评为"新疆十大杰出母亲"；2010 年，阿尼帕荣获中央电视台"感动中国十大人物"称号，入选中国文明网"中国好人榜"，入选《中国国家形象片——人物篇》；2011 年，阿尼帕被评为"全国道德模范"。

2009 年，阿尼帕 70 岁生日之际，在她的周围，除了 9 个亲生儿女、10 个收养的孩子外，加上儿媳、女婿和孙子、孙女，这个团结的大家庭里共有维吾尔族、哈萨克族、回族、汉

族、塔塔尔族、乌孜别克族 6 个民族的 180 多口人。6 个民族一个家，19 个孩子一个妈，阿尼帕撑起的这个超越亲情、跨越民族的大家庭，是民族团结之大爱的最美诠释，是新疆各族人民大团结的真实写照。她为建设新疆民族和谐大家庭做出了贡献。"不管哪个民族，都是一家人。"阿尼帕这句朴素的话，和她多年来的爱心行动，感动了全中国。

（作者：王磊；选自《中国民族报》2016 年 1 月 29 日）

【思考】我们伟大的祖国是 56 个民族共同缔造的，中华民族的未来也要靠 56 个民族共同来开创。我们能为民族团结做些什么？

七　倾听霾的诉说

2013 年以来，我国中东部地区多次出现大范围雾霾天气，持续时间之长、影响范围之广，前所未有。

环境是人的生存之本、发展之基。让百姓喝上干净的水，呼吸清洁的空气，在良好的环境中生产生活，是关乎社会发展和人民福祉的大事。环境问题不仅是经济问题、发展问题，而且是政治问题、民生问题。

环境恶化的严峻现实，社会公众的焦虑和期盼，深深牵动着党和政府的心。党的十八大做出建设生态文明的战略部署，提出建设美丽中国的目标，凸显出中央对环境治理的坚定意志和决心。党的十九大通过关于《中国共产党章程（修正案）》的决议，把"增强绿水青山就是金山银山的意识"等内容写入党章。十九大报告指出，建设生态文明是中华民族永续发展的千年大计，必须树立和践行绿水青山就是金山银山的理念，坚持节约资源和保护环境

的基本国策，像对待生命一样对待生态环境，统筹山水林田湖草系统治理，实行最严格的生态环境保护制度，形成绿色发展方式和生活方式，坚定走生产发展、生活富裕、生态良好的文明发展道路，建设美丽中国，为人民创造良好生产生活环境，为全球生态安全做出贡献。

建设天蓝、地绿、水净的美好家园，既是党和政府的紧迫任务，也是全体社会成员的共同责任。

时代背景 ★★★★★

"霾"的诉说

我的出现，本是不应该，因为当我被那些聪明人发现不利于人类以及万物健康时，我就被人们标上了"四害"之一。没有人欢迎我的到来，最初，人们还有一点新奇：你瞧，这天怎么的，雾气腾腾的，这是流云吗？这不，远处的楼房若隐若现，犹如美妙的空中楼阁。可是当人们的新奇感消失以后，我就成了人们咒骂的对象。我的出现，犹如21 世纪地球上的一个幽灵，时时都会徘徊在人们的生活中，可是我也是多么的委屈，我本也是不愿意来到人间的啊！

这就要你们人类扪心自问，你们在

咒骂我的时候，你们在干什么？本来啊，我们是自由自在的空气和空气中一些极其微小的颗粒分子。我们轻灵自由，随风飘扬，随风而舞。晴日朗天，我们高踞云端，目游万仞，神驰八极，一会儿大西洋，一会儿太平洋，宇宙四海，任凭我们飞舞飘扬。可是不知到了什么时候，我们的肉身就不由自己的灵魂管制。我们如同你们一样呼吸着浓浓的黑烟，我们如同你们一样不断地被来来往往的汽车尾气污染。大西洋沿岸如此，太平洋沿岸如此，印度洋沿岸也是如此，慢慢地，其他地方也会如此。你们人类加快的工业化快速地把污染物排泄给了我们，我们被这些污浊的毒气裹挟，我们再也不能自由升空，就渐渐地聚齐拢在一起，如同云雾一样缠绕在城市的大大小小角落。这不是我们要停留不走，可实在是无能为力。我们也想轻灵升空，不想待在这个万人咒骂的环境里，可是，我们也非常无奈。我们想走，可是你们人类不让我们走。你们一边在不停地大量地制造着汽车，燃烧着石油，排放着一氧化碳等；一边又在不断地修筑着高楼，生产着钢铁水泥建筑材料，燃烧着煤烟的工厂在昼夜不停地吞吐着烟雾，好似一个吸惯了鸦片了的瘾君子一样放不下手。你们已经利令智昏，身体已经羸弱不堪，可是还要不停

地大量吞吐。

高大的楼房已经是一座又一座，可是你们还不停手，你们还在建造，建造了一座又一座的空壳，造成了一层又一层的阻挡物，没有风，我们难以流动开来，就只好和这些污染物们混在一起，被你们排放出的毒物污染着，又被你们咒骂着，我们成了城市里最不受欢迎的"四害"之一。不知道什么时候，城市里的人的越来越多，随着人员的增加，继而车辆也越来越多。我们看着你们的车辆一辆接一辆，我们又听着你们开着汽车咒骂着我们。其实你们不要咒骂我们，形成这样的情况也是你们自己造成的，你们为何不多反省反省自己呢？当然，如果碰上天气阴沉或者气温降低的时候，我们的出现次数就更多一些，特别是在冬春季，这是我们频繁活动的日子。没有办法，气温低沉，气压过强，我们只能在低空徘徊。这不，又到了冬春采煤取暖的集中日子，大量煤烟的排放只能加重我们的到来次数，延长我们存在的时间。这就客观上为你们人类带来了很多的不便和危害。请你们要高度重视，注意身体健康，注意预防呼吸系统疾病的发生。

我本善良，和你们人类一样。当你们被贪婪的欲望和盲目不节制的开发行为所裹挟，我也同样的被那些毒物所裹

挟。于是，造成我们彼此间的不和谐。因此，我期待着你们，擦亮自己的眼睛，不要被利欲所误导，回到正确的路子上来。也许，届时我也就会轻灵而扬，飞舞自由了，再也不会听到你们的咒骂声了，再也看不到我们彼此间的互相伤害了。这时，我们共处的地球，一定是天蓝地绿，水清河美。

（作者：郭军平；选自《翠苑》）

环保部发布《2016 中国环境状况公报》

2017 年 6 月 5 日，根据《中华人民共和国环境保护法》规定，环境保护部发布《2016 年中国环境状况公报》。《2016 中国环境状况公报》由环境保护部会同国土资源部、住房和城乡建设部、交通运输部、水利部、农业部、国家卫生和计划生育委员会、国家统计局、国家林业局、中国地震局、中国气象局、国家能源局和国家海洋局等主管部门共同编制完成，是反映中国 2016 年环境状况的公开年度报告。公报显示，我国环境状况总体如下。

2016 年，全国 338 个地级及以上城市中，有 84 个城市环境空气质量达标，占全部城市数的 24.9%；254 个城市环境空气质量超标，占 75.1%。338 个地级及以上城市平均优良天数比例为 78.8%，比 2015 年上升 2.1 个百分点；平均超标天数比例为 21.2%。474 个城市（区、县）开展了降水监测，酸雨城市比例为 19.8%，酸雨频率平均为 12.7%，酸雨类型总体仍为硫酸型，酸雨污染主要分布在长江以南—云贵高原以东地区。

全国地表水 1940 个评价、考核、排名断面（点位）中，Ⅰ类、Ⅱ类、Ⅲ类、Ⅳ类、Ⅴ类和劣Ⅴ类分别占 2.4%、37.5%、27.9%、16.8%、6.9% 和 8.6%。6124 个地下水水质监测点中，水质为优良级、良好级、较好级、较差级和极差级的监测点分别占 10.1%、25.4%、4.4%、45.4% 和 14.7%。地级及以上城市 897 个在用集中式生活饮用水水源监测断面（点位）中，有 811 个全年均达标，占 90.4%。春季和夏季，符合第一类海水水质标准的海域面积均占中国管辖海域面积的 95%。近岸海域 417 个点位中，一类、二类、三类、四类和劣四类分别占 32.4%、41.0%、10.3%、3.1% 和 13.2%。

322 个进行昼间区域声环境监测的地级及以上城市，区域声环境等效声级平均值为 54.0 分贝；320 个进行昼间道路交通声环境监测的地级及以上城市，道路交通等效声级平均值为 66.8 分贝；309 个开展功能区声环境监测的地级及以上城市，昼间监测点次达标率为 92.2%，夜间监测点次达标率为 74.0%。

全国环境电离辐射水平处于本底涨落范围内，环境电磁辐射水平低于国家规定的相应限值。

全国现有森林面积 2.08 亿公顷，森林覆盖率 21.63%；草原面积近 4 亿公顷，约占国土面积的 41.7%。全国共建立各种类型、不同级别的自然保护区 2750 个，其中陆地面积约占全国陆地面积的 14.88%；国家级自然保护区 446 个，其中陆地面积约占全国陆地面积的 9.97%。

生态环境质量"优"和"良"的县域主要分布在秦岭淮河以南、东北大小兴安岭和长白山地区，"一般"的县域主要分布在华北平原、东北平原中西部、内蒙古中部、青藏高原中部和新疆北部等地区，"较差"和"差"的县域主要分布在内蒙古西部、甘肃西北部、青藏高原北部和新疆大部。

（选自《2016 年中国环境状况公报》）

时政之窗

《大气污染防治行动计划》出台

2013 年 9 月 12 日，国务院正式公布各界期盼的《大气污染防治行动计划》（以下简称《行动计划》），该计划被认为是我国有史以来最为严格的大气治理行动计划。

2013 年 1 月，京津冀及周边地区等国内多地连续出现大范围雾霾天气，严重影响民众身体健康和正常生活。如何重现蓝天白云，成为今年以来人民最为关心的问题之一。

为切实改善空气质量，《行动计划》要求 2017 年全国 PM10 浓度普降 10%，京津冀、长三角、珠三角等区域的 PM2.5 浓度分别下降 25%、20% 和 15% 左右，要求经过 5 年努力，全国空气质量"总体改善"。

为实现以上目标，《行动计划》提出 10 项具体措施，包括加大综合治理力度，减少多污染物排放等。《行动计划》提出，加快提升燃油品质；加大排污费征收力度，做到应收尽收；实行环境信息公开等等多项措施。

根据《行动计划》，北京、上海、广州等特大城市要严格限制机动车保有量，通过鼓励绿色出行、增加使用成本等措施，降低机动车使用强度。

（选自《南方周末》2013 年 9 月 13 日）

生态环保：迈上"新台阶"，还有"硬骨头"

近年来，我国污染防治攻坚战不断

推进，生态环境保护工作再上新台阶，但不能忽略的是，还有不少"硬骨头"要啃。

环境保护一直是人民群众关心的重点问题。

2017年12月召开的中央经济工作会议指出，打好污染防治攻坚战，要使主要污染物排放总量大幅减少，生态环境质量总体改善，重点是打赢蓝天保卫战，调整产业结构，淘汰落后产能，调整能源结构，加大节能力度和考核，调整运输结构。

2017年12月21日，环境保护部部长李干杰表示，坚决打好污染防治攻坚战，推动生态环境保护工作再上新台阶。李干杰曾用"前所未有"形容这5年国家对环境污染治理的力度之大。党的十八大以来的5年，生态文明建设已经取得显著成效，从一组数据中可见一斑：过去5年，我国森林覆盖率持续提高，从2012年的21.38%上升至2016年的22.3%；2016年京津冀、长三角、珠三角PM2.5平均浓度与2013年相比都下降了30%以上……

2013年6月14日，国务院召开常务会议，部署大气污染防治十条措施，同年9月10日，国务院印发《大气污染防治行动计划》，即"大气十条"，确定了具体指标：到2017年，全国地级及以上城市可吸入颗粒物（PM10）浓度比2012年下降10%以上，优良天数逐年提高；京津冀、长三角、珠三角等区域细颗粒物（PM2.5）浓度分别下降25%、20%、15%左右，其中北京市细颗粒物年均浓度控制在60微克/立方米左右。

2017年1月至11月，全国338个地级及以上城市PM10平均浓度比2013年同期下降20.4%，京津冀、长三角、珠三角PM2.5平均浓度分别下降38.2%、31.7%、25.6%，北京市下降35.6%、接近60微克/立方米。2017年是"大气十条"收官之年，设定的重要目标有望全部实现。

秋冬季历来是京津冀地区雾霾较重的时段，为了做好2017—2018年秋冬季大气污染防治工作，打好"蓝天保卫战"，环境保护部还会同9个部门、6个省市，制定出台了《京津冀及周边地区2017—2018年秋冬季大气污染综合治理攻坚行动方案》。2017年入冬以来，京津冀地区的空气质量比以往有了很大改观，人民群众最直观的感受是蓝天多了。

现在北方进入供暖季已一个月有

余，以 2017 年 11 月河北为例，数据显示，与 2016 年同期相比，河北污染次数、程度都大幅下降，全省累计 PM2.5 重污染时段减少 1278 小时、PM2.5 小时峰值浓度降低 38.3%。河北 2017 年秋冬空气质量达到近 5 年来最好水平。

中国工程院院士郝吉明表示，实施"大气十条"成效显著，但我国大气污染治理工作仍然任重道远。从污染源方面看，一是燃煤排放仍然是主要问题；二是控制我国机动车污染仍然需要新的举措；三是非电行业，如钢铁、建材、化工、有色冶金等都是高污染行业；四是农村大气污染治理需要加强。

"要打赢蓝天保卫战，减排是硬道理。现在二氧化硫、氮氧化物的减排进入了攻坚期。原来好减的都减了，剩下没减的都是难减的，是难啃的'硬骨头'。"郝吉明说，"污染物减排进入了深水区。在打赢蓝天保卫战中不仅要控制 PM2.5，还要推进 PM2.5 和臭氧协同控制。"

正如李干杰所说，"我们的攻坚行动，可不是打一次就完，以后几年还会长期地把它坚持下去，从这个意义上来讲，我们开展的这些专项行动、制定实施的这些措施绝不是'运动式'，而恰恰是在探索和建立长效机制。"

（作者：张璐晶；选自《中国经济周刊》2018 年 1 月 3 日）

生活观察 ★★★

部分国家治理雾霾的经验借鉴

英国、德国、日本等发达国家在工业化、城市化进程也产生了严重的空气污染事件。如 1952 年 12 月 5 日至 10 日，伦敦发生了"伦敦烟雾事件"。仅 12 月 5 日到 8 日这 4 天里，伦敦市死亡人数就高达 4000 人；9 日之后的两个月内，又有近 8000 人死于呼吸系统疾病。但是，这些国家现在都是世界著名的生态文明国家，其做法与经验值得正在努力建设生态文明的中国借鉴。

一、施行新的法规规范

英国 1956 年出台了首部空气污染防治法案——《清洁空气法案》，要求城镇使用无烟燃料，推广电和天然气，冬季采取集中供暖，发电厂和重工业设施被迁至郊外等。1974 年英国出台了《控制公害法》，囊括了从空气到土地和水域的保护条款。2005 年 1 月 1 日起，欧盟实施了"空气清洁与行动计划"，限制释放颗粒物，例如车辆限行、限速、工业设备限制运转等，并设立"环保区域"，德国超过 40 个城市设立了"环保区域"，只允许符合环保标准的车辆驶入；欧盟对汽车尾气排放设定了严格标准，分别于 2005 年、2008 年和 2013 年实施了"欧 4"、"欧 5"和"欧 6"标准，对机动车实行严格的排放标准。2013 年欧盟开始执行《工业排放指令》，严格大型锅炉和工业设施排放标准，柴油发动机必须配备微粒过滤器。德国立法保护树木，如果想移动或砍伐任何树木，都要向政府申请，否则就违法。德国很多大城市中心设有自然保护区。2003 年日本东京立法要求汽车要加装过滤器，并禁止柴油发动机汽车驶入东京。

二、发挥税费调节作用

欧盟要求其成员国 2012 年空气不达标的天数不能超过35 天，不然将面临 4.5 亿美元的巨额罚款。2003 年，伦敦市政府对进入市中心的私家车征收"拥堵费"，并将此笔收入用来改善公交系统发展。德国于 2007 年立法补贴安装微粒过滤装置的柴油发动机汽车，并对未安装过滤装置的车辆征收附加费。英国政府要求从 2016 年开始，所有新建住宅都必须是"零排放"，此类环保住宅将享受免缴印花税的政策优惠；政府还制定了推广太阳能的计划，补贴屋顶安装太阳能电池板。

三、积极促进绿色发展

伦敦将扩建绿地作为治理大气污染的重要手段，虽然伦敦人口稠密，但人均绿化面积达 24 平方米，城市外围还建有大型环形绿化带；即使在寸土寸金的伦敦市中心，也仍旧保留着海德公园以及詹姆斯公园等大片绿地。1989 年伦敦正式关停被认为是英国工业时代象征的英国最大发电站——巴特西发电站。2007 年 2 月，伦敦宣布环保规划，计划在 20 年内将二氧化碳排放量减少60%，把伦敦建成全球最环保的城市。2007 年 9 月，英国政府宣布将在全国建设 10 个生态镇。同年 11 月，英国政府宣布将对所有房屋节能程度进行"绿色评级"，以提高房屋能源利用率和减少排放。英国零售业巨头乐购率先建设了一些"零碳"超市，通过自备生物质发电机、建筑节能、循环利用雨水等方式打造低碳购物环境。伦敦南部的"贝丁顿零碳社区"已建成为英国最大的低碳社区。

四、引导全社会共建生态文明

自 2005 年 1 月 1 日起，欧盟对可吸入颗粒物（PM10）上限做出严格限制，规定空气中 PM10 年均浓度不得高于 40 微克每立方米，日均浓度超过50 微克每立方米的天数不得超过35 天。一旦浓度超标，欧盟成员国均有义务启动自己的"空气清洁与行动计划"。德国还采取了呼吁民众节能减排、使用节能家电、多搭乘公共交通以及骑车出行等"软措施"。德国民众认为减少排放人人有责，树立了较强的环保意识，如工厂自觉减少排污，农户借力生态农业，优化饲养种植方法，居民生活多使用可再生能源等。

（作者：孙仕昊）

深度思考 ★★★★★

河南淅川：用实践讲述绿水青山就是金山银山的故事

2018 年 2 月初，位于豫鄂两省交界的丹江口水库，静谧如常。

"109 项全因子均符合地表水环境质量达标 Ⅱ 类标准，其中常规项目 95% 以上符合 Ⅰ 类标准，特定项目 100% 符合水源地水质标准……"丹江口水库最新一期水质全因子监测结果显示：水质持续向好。

河南淅川县是南水北调中线工程渠首所在地和核心水源地。2014 年，一渠清水从这里出发，直奔京津。然而，作为一个深度贫困县，淅川守着"大水缸"、握着"水龙头"，却有树不能伐、有鱼不能捕、有矿不能开、有畜不能养。能不能找到一条既保护生态又不耽误经济发展的路子？淅川的答案渐渐清晰。淅川人民克服重重困难，淘汰落后产业，转型绿色发展，讲述了一个个'绿水青山就是金山银山'的故事。

保水质、保生态，为一江清水永续北送

抛出抓钩，探入水下，顺势捞起枯枝烂叶，在水库渠首段，尚世杰等护水队员正在仔细巡查。

这支由"80 后"组成的护水队共有 42 人，主要是大学生和退伍军人。"早上 7 点半就开始忙，一直忙到天黑，天天如此。"尚世杰已经习以为常，"虽然护水工作单调乏味，但必须得有人做。"

据了解，南水北调中线工程通水前夕，淅川组建了 2000 人的专业护水队，建立了网格化的水污染防治责任体系，实行常态化护水。

为了一江清水永续北送，淅川县共移民搬迁 16.5 万人，先后关停 380 多家污染企业，取缔库区水上餐饮船及 5 万余网箱，关停拆除禁养区 400 余家养殖场。淅川县还投资 5 亿多元在 15 个库区乡镇建立了完善的污水及垃圾处理设施。在农村推进户用沼气，建设沼气池 4.1 万座，每年将 200 万吨的人畜粪便转化为有机肥。

构筑生态防护屏障，淅川持续推进造林绿化。据统计，2017 年 10 月以来，已经累计完成人工造林 10.9 万亩。目前，淅川全县库周生态隔离带总面积达 20 余万亩，森林覆盖率 45.3%，丹江口库区森林覆盖率 53.2%，丹江口水库水质稳定保持在 II 类以上标准。

不能用农药化肥，土里照样生金

九重镇张河村曾是有名的辣椒村。"每年到 7、8 月份，上百家云贵川的企业都来张河村收辣椒。"回忆起当年场景，张河村村支书张家祥一脸骄傲。

然而，南水北调中线工程落地后，张河村却为辣椒"犯了愁"。"县里说我们是核心水源地保护区，害怕种辣椒施农药化肥让水里氮磷超标。"张家祥说。

辣椒不能种，种什么？张家祥带着村民考察了好几个项目。2013 年年底，他选中了软籽石榴项目："虽然软籽石榴第四年才进入盛果期，但种的树能保持水土，开的花能观赏，结的果能卖钱，关键不用施化肥农药，既是环保产业，还是增收产业，种着放心。"

经过考察，淅川引入一家企业，负责软籽石榴的种植和销售。6000 亩地相继流转出去，每亩地流转费 800 元，给张河村村民吃了定心丸。部分村民留在石榴林当工人，负责日常除草、施肥、浇水、剪枝等。"只要不下雨，见天都有活，一年能干 10 个月。"贫困户高国奇说，他和老伴在石榴林务工，加

上地租和分红，去年收入 2.8 万元，"比以前强多了"。

4 年过后，张河村盼来了累累硕果，软籽石榴打出了品牌。"我们的软籽石榴喝的是丹江水，吃的是有机肥，价钱卖得高。"张家祥脸上的骄傲又回来了。

张河村的成功，带动了周边村民的参与。

据统计，淅川县 2017 年新增 1.2 万亩石榴林，并探索出一种利益共享模式：政府利用优惠贷款政策、水肥一体化灌溉设施建设等支持企业发展，企业按"统一品种、统一技术标准、统一农事活动、统一收购、统一品牌"种植销售，到盛果期按比例分成，10% 归村集体经济、40% 归企业、50% 分红给村民。这种模式把村民、企业、政府紧紧联系在一起，大家由过去的三心二意变成现在的齐心协力。

推进高效生态产业发展过程中，淅川县出台多项政策，在基地建设、生产设施、信贷支持、资金扶持等方面给予

补贴，积极整合农业、林业、水利、交通等项目资金，使项目跟着基地走、服务跟着产业走。

截至目前，淅川县已兑付生态产业资金 6000 多万元，发展软籽石榴、金银花、薄壳核桃、柑橘、黄金梨等 30 万亩，3.5 万渠首农民端上"生态碗"，4000 多名贫困户年增收近 2 万元。

水里不能养鱼，靠水也能吃水

淅川山清水秀，很多游客慕名而来。在临近丹江的马蹬镇石桥村，老渔民王志新没想到，一把年纪又开始了二次就业。"同样是靠水吃水，以前是在丹江搞网箱养鱼，现在是在丹江风景区做保洁。"王志新说。

"在景区做保洁员，一个月有 4000 元。和网箱养鱼相比，挣钱多、还稳定。"王志新的儿子在景区边开了农家乐，王志新说，每逢节假日，农家乐家家爆满，"每天能有 1 万多元收入"。

近年来，淅川把旅游兴县作为重要发展战略，修建环库公路，带动周边农家乐、观光园、采摘园等蓬勃发展，为开办农家乐的贫困户人均补贴 7000 余元。目前，淅川全县旅游业从业人员达到 3 万人，吸纳贫困群众就业 7000 余人，带动贫困群众年均增收 1500 元以上。

淅川还积极推动工业转型，2012 年起一批高能耗、高污染的企业被关停。"我们坚持以供给侧结构性改革为主线，抓主导、促转型，聚焦农副产品加工等绿色产业，狠抓项目建设、重推科技创新、力破融资难题、力推企业解困，不断提升工业经济发展的质量和效益。"淅川县县长杨红忠表示。

被关停的企业中，有一家企业原来生产烧碱、液氯等化学产品，最高年产值过亿元，是当地发展势头最强劲的企业之一。关停之后，借助当地农业产业优势，开办了食品加工、食品包装等相关业务，山里的绿色产品经过加工和包装，获得了更高额的回报。另一家制药企业也积极转型，通过生态旅游、生态农业等多业并举，发展生态林果，初步形成了农产品、食品加工产业链。

（作者：朱佩娴；选自《人民日报》2018 年 2 月 7 日）

【思考】淅川克服重重困难，淘汰落后产业，转型绿色发展，讲述了一个个"绿水青山就是金山银山"的故事。这对我们找到一条既保护生态又不耽误经济发展的路子有何启示？

八　我们都是"创客"

"3W 咖啡"是北京中关村创业大街上众多创业咖啡馆中的一家，这里不仅仅售卖咖啡，更为创业者提供交流空间、办公空间、种子融资、人才招聘等系列服务。

2015 年 5 月 7 日上午，"3W 咖啡"迎来了一位特殊的客人——国务院总理李克强。李克强点了一杯带"黄金圈"的香草卡布奇诺，与兴奋地围拢过来的年轻创业者们边喝边聊。

交谈中，李克强了解到"3W 咖啡"目前有 10 余家创业公司，最大的公司占了八九个工位，最小的只有两三个工位。这些来自于全国各地的年轻创客大多数为"80 后""90 后"，为了实现自己的创业梦想他们来到了北京。李克强亲切询问他们创业中面临的困难，并热情鼓励他们为自己的梦想努力奋斗。

"生命不息，折腾不止。"——看到印在咖啡杯上的这句话，李克强笑着读了出来。他身边一群年轻创客的脸上也都露出了会心的微笑……

李克强总理付钱离开后，一张他手捧"3W"咖啡的照片迅速传遍网络，在微信朋友圈里达到"刷屏"的火爆程度。

总理端起的这杯咖啡，是一种肯定，也是一种期待。在"创业咖啡厅"喝咖啡本身就是对这全新创业模式的关注和支持，与创客们一起喝咖啡更是希望"大众创业、万众创新"的政府号召能真正引起人们的共鸣。

时代背景

总理回信清华创客

2015 年 5 月 4 日下午 3 时许，在清华学生创客的"大本营"——基础工业训练中心，清华学生创客空间协会创

始人毕滢等学生代表，拿到了总理的回信。

"创客"一词来源于英文单词"maker"，是指努力把各种创意转变为现实的人。两个月前，7名清华学生创客曾致信李克强。

"写这封信是因为看到总理不断为我们创客'撑腰'。"信件的执笔人2013级精密仪器系硕士生的毕滢说。

2015年1月4日，李克强总理曾考察深圳柴火创客空间，并欣然接受成为柴火创客荣誉会员的邀请："好，我再为你们添把柴！"

2015年1月28日，李克强又在主持国务院常务会议时，确定支持发展"众创空间"的政策措施，为创业创新搭建新平台。"创客"一词也走入了今年政府工作报告。

"我们觉得应该给总理说说心里话。一方面，希望表达对总理关注创客的激动心情，另一方面，也是希望告诉总理我们对未来发展的希望。"毕滢说，"但没想到总理能在百忙之中亲自给我们回信！"

在这封410余字的回信中，李克强希望，当代大学生要有钻研学问的精进态度，与此同时，也应鼓励勇于打破常规创新创业的开拓精神。政府将会出台更多积极政策，为"众创空间"清障

搭台，为创客们施展才华、实现人生价值提供更加广阔的舞台。

接到总理的回信，清华学生创客们既幸福又激动。他们表示，总理信中提到希望我们"把创客的种子在更大范围播撒开来"，这对于我们来说更像是一种被赋予了的使命。我们必将继续努力在清华同学当中，在全国高校当中，甚至在中小学生当中将创客的文化推广开来，让更多的人了解创客，成为创客。

附：李克强总理回信

清华大学的学生创客们：

五四青年节前，收到你们的来信，被你们的活力所感染，更为你们的创新精神所打动。创客将奇思妙想转化为现实产品，这与刻在你们校园日晷上"行胜于言"的校风相得益彰。毫无疑问，学习是学生第一位的任务。我希望当代大学生要有钻研学问的精进态度，学好基础知识，提高基础本领，筑实基础研究，在学习中不仅要向书本学习，也要向实践学习。与此同时，也应鼓励勇于打破常规创新创业的开拓精神。

"大众创业、万众创新"，核心在于激发人的创造力，尤其在于激发青年的创造力。青年愿创业，社会才生

机盎然；青年争创新，国家就朝气蓬勃。

我很欣赏你们信中所说的，在创客的时代，创造不再是少数人的专业，而是多数人的机会。政府将会出台更多的积极政策，为"众创空间"清障搭台，为创客们施展才华、实现人生价值提供更加广阔的舞台。

希望你们不断丰富创客文化，把创客种子在更大范围播撒开来。有机会我会去清华大学看望你们的创客团队。向老师和同学们问好！

李克强

2015 年 5 月 4 日

（作者：许路阳；选自《新京报》2015 年 5 月 5 日）

时政之窗 ★★★★

创业路上遇难事？这些政策帮你破难题

很多人都有一份创业的热情，但在创业的过程中总难免遇到坎坷。李克强总理说，决不能因为各种政策不合理、改革不到位，让创业者们失望、绝望。国务院支持创业者勇敢迈出第一步，推出一系列举措，破解创业路上遇到的难点，为创业的每一步保驾护航。

一、破解"准入难"

➡从"三证合一"到"五证合一""多证合一"

自 2016 年 10 月 1 日起，全国全面实施"五证合一、一照一码"登记制度改革；2016 年 12 月 1 日起，实施个体工商户营业执照和税务登记证"两证整合"。

2017 年 5 月 12 日，国务院办公厅正式发布《关于加快推进"多证合一"改革的指导意见》，并明确提出要确保在 10 月 1 日之前，将"多证合一"改革落到实处。

实行"多证合一、一照一码"，使企业在办理营业执照后即能达到预定可生产经营状态，大幅度缩短企业从筹备开办到进入市场的时间。

➡从"先证后照"到"先照后证""证照分离"

2017 年 5 月，国务院印发《关于进一步削减工商登记

前置审批事项的决定》，决定再削减工商登记前置审批事项 5 项。至此，本届政府已将全部 226 项工商登记前置审批事项中的 87% 改为后置审批或取消。

2017 年 6 月，国办印发《全国深

化简政放权放管结合优化服务改革电视电话会议重点任务分工方案》，要求除涉及国家安全、公共安全、生态安全和公众健康等重大公共利益之外，把能分离的许可类的"证"都分离出去，分别予以取消或改为备案、告知承诺等管理方式。

"先照后证""证照分离"破解办证难，降低创业者的门槛，大大方便企业申办。

二、破解"融资难"

➡降低融资成本

2017年6月，国家发改委等四部门联合印发《关于做好2017年降成本重点工作的通知》，出台政策降低融资负担，鼓励有条件的金融机构开展应收账款融资、动产融资、银税合作、资产证券化等合理金融创新；规范发展互联网金融，鼓励银行业金融机构在防范风险、审慎经营的前提下，利用互联网、大数据技术，提升客户信息采集与分析能力，创新小微企业金融产品，探索发放信用贷款等。

三、破解"成本难"

➡降低税费负担

2017年以来，国务院常务会议审议通过多项减税降费政策措施，每年合计减轻企业负担超过1万亿元。扩大小

微企业享受减半征收所得税优惠范围，年应纳税所得额上限由30万元提高到50万元；全面清理规范政府性基金，取消城市公用事业附加等基金，取消或停征中央涉企行政事业性收费35项等。

➡降低人工、用能用地、物流成本

《关于做好2017年降成本重点工作的通知》还提出

继续适当降低"五险一金"有关缴费比例，允许失业保险总费率为1.5%的省（区、市）将总费率阶段性降至1%；继续执行物流企业大宗商品仓储设施用地城镇土地使用税优惠政策，对物流企业自有大宗商品仓储设施用地减按所属土地等级适用税额标准的50%计征城镇土地使用税等。

四、破解"离岗创业难"

➡事业单位科技人员离岗创业"可攻可守"

2017年3月，人社部印发《关于支持和鼓励事业单位专业技术人员创新创业的指导意见》，明确未来高校、科研院所等事业单位专业技术人员离岗创

新创业，可在3年内保留人事关系，与原单位在岗人员同等享有参加职称评审、项目申报、岗位竞聘、培训、考核、奖励等方面权利。

（选自中国政府网2017年8月4日）

生活观察

用创新撬动无人机市场

美国当地时间2015年1月6日至9日，美国消费电子展在拉斯维加斯举行。作为全球最具盛名的消费类电子产品展，美国消费电子展每年都汇聚了各类万众瞩目的产品，囊括了时下最新前沿技术、时尚设计理念、行业发展趋势等。

来自中国深圳的大疆创新公司研发的产品在产品展上惊艳亮相。连续4天，无人机爱好者几乎把展台围得水泄不通，等候体验无人机拍摄的参观者在展区入口排起长龙。

汪　滔

2014年，大疆售出了大约40万架无人机，销售收入突破5亿美元，约占全球无人机市场份额的70%。在海外媒体评选的2014年度科技产品榜单中，大疆的无人机排名位于苹果手机之前。

一家成立仅仅8年、员工平均年龄不到26岁的企业，为什么能有这样的成就？或许我们可以从这家公司的创始人——汪滔身上寻找到答案。

2014年9月，福布斯中文版首次发布2014"中美创新人物"专题，选出中美各10名年度创新者。1980年出生的汪滔成为其中最年轻的创新者。他的入选理由是：创立8年的大疆无人机已经成为消费级航拍领域的领导者，占据了全球70%的市场份额。随着传感技术和地图精度的提升，未来无人机可能将会在农业、安全等多个领域实现颠覆创新。

汪滔戴着一副圆框眼镜，留着小胡子，头顶高尔夫球帽，掩盖着后移的发迹线。乍看上去，他绝对与一家新消费级科技巨擘的形象代言人的身份不符。作为大疆的掌门人，享有盛名的汪滔工作态度就像他在香港科技大学宿舍中创建大疆时一样，依旧一丝不苟。

汪滔对天空的痴迷始于小学。在读了一本讲述红色直升机探险故事的漫画书之后，他开始对天空充满了想象，将大部分时间都花在与航模有关的读物上面。高中毕业后他进入了香港科技大学电子工程系。在大学四年级的时候，汪滔开发了一套直升机飞行控制系统，他的人生由此改变。

2006年，汪滔和自己的两位同学来到了中国制造业中心——深圳。他们在一套三居室的公寓中开启了艰难的创业历程。在克服了重重困难之后，大疆创新掌握了无人机的一整套核心技术，逐步成长为一家引领行业发展潮流的创新型企业。大疆目前的员工总数已经超过了2800人，在深圳、中国香港、洛杉矶、鹿特丹、东京和神户都设有办事处。

新年伊始，汪滔寄望自己的企业以创新为驱动力，推动行业的健康发展。在给未来寄语中，汪滔写下了这段话：大疆创新将继续秉持"尊重梦想，追求纯粹"的价值观，注重细节与品位，突破技术极限，为更多的人带去飞行的乐趣。

（作者：林燕德；选自《南方都市报》2015年12月19日）

蓬勃兴起的"淘宝村"

往年腊八这一天，山东省博兴县湾头村的村民会早早起床，熬粥腌蒜，祭祀祖先。可今天唤醒湾头村的，不再是鸡鸣声，而是互联网上发出的"叮咚"声。

这个有几百年历史的村庄，已经踏上了电子商务的节拍，成了名副其实的"淘宝村"，全村有1000多个淘宝店销售当地特产草柳编工艺品。

上午10点，凌晨2点才睡的28岁的马耀飞刚刚起床。简单洗漱后，他径直坐到电脑前，开始了一天的工作。"叮咚、叮咚"，陆陆续续的买家提示音将会持续到深夜。

临近中午，守在电脑前的安娜�’噘嘴："今天的销量并没有预期的好。"等待订单的间歇，安娜拿起单反相机，给新上的货品拍摄图片。24岁的安娜是土生土长的湾头村人，滨州技术学院毕业后她选择了自主创业。开网店的第一个月，她就净赚了6000元，第二年就拥有了自己的私家车。现在她的网店已拥有150多个品种的产品。

下午3点钟，57岁的张洪文正在院子里加工草柳编工艺品，他的产品只在自家网店里销售。2008年奥运会开幕当天，在儿子鼓励下，木工出身的张洪文开了自己的网店。初中毕业的他对照着墙上贴的汉语拼音表，花了一个多月才学会电脑打字。为了展示产品的纯天然材质，他会以夏天的玉米地为背景来拍摄产品效果图。开店前，老两口晚上不到9点就会入睡；而如今，这对老夫妻每晚都会熬到十一二点，他们的生活已经离不开网络了。

从下午 4 点开始,快递员就会成为"淘宝村"绝对的主角。"一直到晚上 7 点,是快递最忙的时候",湾头村的周曙光快速处理着厚厚一摞快递单。快递公司老板介绍:一开始自己也开网店,但后来发现村里做快递的太少,严重影响了自己包裹的发送速度,最终决定自己代理一家快递公司。像他这样做既开网店又做快递的商户在村里还有 5 家,店主都是 30 岁出头。现在,湾头村遍布着 20 多家快递公司和 3 家银行。

入夜,随着快递公司的货车纷纷出发,"淘宝村"再次变得安静起来。短暂放松后,是晚上 10 点到 11 点的网售小高潮。接近午夜,乡村的淘宝店主们才有了真正喘歇的机会,村里的一条小吃街也开始变得热闹,淘宝店主们三三两两聚在这里,享受着难得的惬意时光,憧憬着未来美好的生活。

(选自《中国青年报》2014 年 1 月 15 日)

深度思考 ★★★★★

"学历面子"与"技术里子"

"我对所学专业不感兴趣,开始为了一张文凭才上了大学,现在想来既浪费了时间也浪费了精力。"见到王仲宁时,他正忙碌地指导工人加工零件。身为一家机械加工厂总经理,他的公司现在有三台数控车床,十五台普通车床、钻床、铣床等机械加工设备,员工有 10 多人。

王仲宁原本在大学学习的专业是园林设计,可他为什么会选择机械加工呢?

"我一向很喜欢机械专业,大学毕业后,一直想真正为自己做一次选择。"王仲宁回忆说。他计划去职业技术学校去学数控机床,然而真正做决定时却万分艰难,他说:"不少人对我说,大学毕业生再去技校,没面子,后来我也想通了,为了自己的将来,要做一次正确的决定。"

2006 年 2 月,下定决心的王仲宁来到某技工学校学习数控。据他回忆,当时跟他一样选择的大学生还有好几个,他们也都选择了自己喜欢的烹饪、汽修等专业。

毕业后,王仲宁被分到南方的一个城市工作。在那里,他主要负责数控编程,从普通工人一直干到班长,工资也从最初的两千元涨到了五千元,积累了丰富的工作经验。

2013 年 10 月,王仲宁回到老家创业,凭借浓厚的创业激情和扎实的专业基础,他的机械加工厂快速发展,平均年收入也突破了 50 万元。

当前生活中，像王仲宁这种受过高等教育的毕业生重新到职业技术学校学习技术的情况并不少见。他们认为大学学的都是理论知识，往往中看不中用，导致他们在求职时纷纷碰壁。同时社会大量需求高级技能人才，而且凭技能创业成功率也更高，所以他们宁愿放下天之骄子的架子，转而和众多初中毕业生、高中毕业生一起去学技术、练技能。

虽然读技校挺没"面子"，但是就业要求的是实实在在的"里子"，与其硬撑面子，不如学点实用技术，这样更容易在社会上立足。如今，无论是用人单位，还是准备就业的毕业生，他们都深知学历不等于能力、文凭不等于水平。在新的社会经济环境下，虽然仍不乏一些学生、家长执着追求学历学位，但在严峻的就业形势和现实需求下，学生们对就业市场的理性认识也在提升。

（作者：马绍栋；选自《齐鲁晚报》2015 年 8 月 6 日）

【思考】

你怎样看待大学毕业生重新读技术学校这一社会现象？

九　留住我们的根

"蔵薤""哂纳""颠顶"……

这些汉字你会读会写吗？你知道它们的含义吗？你能用它们遣词造句吗？在越来越多的人习惯于键盘书写的今天，我们中国人正面临着一场汉字手写、认读的危机。

从《中国汉字听写大会》节目开始，中央电视台推出一连串传统文化类综艺节目，包括《中国成语大会》《中国谜语大会》《中国诗词大会》等在内的"大会"系列。这几档节目带给我们的，不仅仅是语言、文字的知识，更是情感熏陶、文化传承与家国情怀。

习近平总书记在不同场合反复强调弘扬中华民族优秀传统文化的重要性，

"让书写在古籍里的文字活起来""应该把这些经典嵌在学生脑子里，成为中华民族的文化基因"。民族复兴的伟大进程中，中华优秀传统文化的传承和光大肯定不能缺位。

让我们把根留住！

时代背景

民族文化基因是中国梦的魂与根

2014年9月9日，习近平总书记来到北京师范大学，同师生共度第三十个教师节时说："'三寸粉笔，三尺讲台系国运；一颗丹心，一生秉烛铸民魂。'今天的学生就是未来实现中华民族伟大复兴中国梦的主力军，广大教师就是打造这支中华民族'梦之队'的筑梦人。"在观摩北师大"国培"计划课堂教学后，习近平总书记强调要学习古代经典。他讲的虽是教材编辑要保留必要的中国文化经典，却涉及"把根留住"——民族复兴中国梦的文化根基和价值支撑。

一、中国梦，梦有根

中国梦不是空想，原因之一，其梦有根。

根，野火烧不尽，春风吹又生。梁

漱溟先生说："历史上与中国文化若后若先之古代文化，或已夭折，或已转易，或失其独立自主之民族生命。唯中国能以其自创之文化永其独立之民族生命，至于今日岿然独存。"

梁漱溟

根，维系于民族精神。无论历史多么遥远、岁月如何蹉跎，无论社会怎么变革、如何转型，都不能除了根、丢了魂，都必须把根留住。根深才能叶茂，根脉切断不得。

纵览世界史，一个民族的崛起或复兴，常常以民族文化的复兴和民族精神的崛起为先导。一个民族的衰落或覆灭，往往以民族文化的颓废和民族精神的萎靡为先兆。文化是精神的载体，精神是民族的灵魂。中华民族的伟大复兴，要在现代化的艰难进程中实现，现代化则要靠民族精神的坚实支撑和强力推动。现代化呼唤时代精神，民族复兴呼唤民族精神。时代精神要在全民族中张扬，民族精神要从传统文化的深厚积淀中重铸。

根，滋润于"慎终追远"。现代化使人们的物质生活水平普遍提高，可精神世界却缺少了关照，往往出现一种精神上的病态。人们拥挤在快节奏、充满诱惑的现代生活中，人心浮动，没有片刻安宁。欲望在吞噬理想，多变在动摇信念，心灵、精神、信仰被物化、被抛弃。近利远亲、见利忘义、唯利是图、损人利己，甚至"要钱不要命"的道德失范现象，在生活水平提高、人类进步的现代化浪潮中泛起。

因此，"慎终追远"不是"搬出祖先来说事"，而是以古鉴今，提醒大家在繁忙浮躁的当下，想想根，定定神，稳住脚步，找到魂！如果说金钱、利益可以洗刷和消解人伦道德，诱使民德"变薄"，那么，"慎终追远，民德归厚矣"。我们必须积德厚德，开创民德归厚、厚德载物、"厚德载市场经济"的新天地。

二、要守住我们文化的根

毫无疑问，我们要后来居上，不能不向西方发达国家学习。问题是学什么，怎么学？绝不是随手拿掉自己最重要的东西，随便"加入一堆什么西方的东西"，用"去中国化"的方式学。

回顾历史，莫说完全"去中国化"，哪怕中国的东西该留的没留住，西方的东西不该拿的拿来了，结果也是哀叹声声。

张之洞在他的《劝学篇·设学》中，提出"中学为体，西学为用"。所谓"中学为体"，是强调以中国的纲常名教作为决定国家社会命运的根本；"西学为用"，是主张采用西方资本主义国家的近代科学技术，效仿西方国家在教育、赋税、武备、律例等方面的一些成例，举办洋务新政，以期挽回清王朝江河日下的颓势。注意，他主张的尚有"体""用"之分，还只是在"用"方面的"西化"。但洋务运动未能成功。张之洞长叹："海内志士，发愤搤捥，于是图救时者言新学，虑害道者守旧学，莫衷于一。旧者因噎而食废，新者歧多而羊亡；旧者不知通，新者不知本。""夫如是，则旧者愈病新，新者愈厌旧，交相为瘉，而恢诡倾危乱名改作之流，遂杂出其说以荡众心。"洋务运动后，国家更衰败沦落。

所以，从文化的角度看，我们对外国文化的包容借鉴，关键是食而能化、化而能食，切不可食洋不化甚至"全盘西化"。在学习西方的同时，对中国文化的根，尊重和扬弃；对中国文化的魂，坚守和创新。

三、周虽旧邦，其命维新

为什么要"把这些经典嵌在学生的脑子里，成为中华民族的文化基因"？

中华民族的文化传统，因应着促进新的文明复兴的时代要求。英国历史学家汤因比说："避免人类自杀之路，在这点上现在各民族中具有最充分准备的，是两千年来培育了独特思维方法的中华民族。"这种"独特思维方法"，就是天人合一、允执厥中、仁者爱人、以和为贵、和而不同、众缘和合，其核心是"和"，"礼之用，和为贵。先王之道，斯为美"。

我们是"各民族中具有最充分准备的"民族，我们有"两千年来培育的独特思维方法"，很多就记载在我们的古代经典中，传承在我们的集体记忆里。中华文化中的精华，积淀着中华民族最深沉的精神追求，包含着中华民族最根本的精神基因，代表着中华民族独特的精神标识，是中华民族生生不息、发展壮大的精神滋养。今天看来，将其在中华民族推进现代化、实现伟大复兴的进程中加以创造性转化和创新性发展，必然为人类恰逢其时的新的文明复兴，提供宝贵的精神资源。

周虽旧邦，其命维新。中华民族实现民族复兴的伟大进程，肩负着推进一场新的文明复兴的时代使命。迎接这场并不逊色于文艺复兴的新时代的文明复兴，中国应该有所作为。

可见，"把这些经典嵌在学生的脑子里，成为中华民族的文化基因"有多重要，实乃古为今用，志在"其命维新"。

青年学子的课本里，应该把古代经典留住。

民族复兴的进程里，必须把文化之根留住。

（作者：叶小文；选自《光明日报》2014年9月24日）

时政之窗 ★★★★

以伟大民族精神书写复兴华章

"人民是历史的创造者，人民是真正的英雄。""每一个人都是新时代的见证者、开创者、建设者。""永远做中国人民和中华民族的主心骨。""让全体中国人民和中华儿女在实现中华民族伟大复兴的历史进程中共享幸福和荣光。"2018年3月20日，习近平主席在十三届全国人大一次会议闭幕会上的讲话，充满信心与斗志、激荡光荣与梦想、彰显情怀与担当。一句句铿锵有力、掷地有声的话语，激起万人大礼堂里一次次热烈掌声，点燃了亿万人民在新时代勇往直前的奋斗激情。

在讲话中，习近平主席深刻总结了伟大民族精神的深厚意蕴和丰富内涵。其一，伟大创造精神，体现在"辛勤劳作，发明创造"之中。从诸子百家等思想巨匠、四大发明等科技成果，到震撼人心的文化遗存、气势恢宏的伟大工程，直至今天中国人民的创造精神前所未有地迸发，推动了国家发展日新月异，大踏步赶上时代、走在世界前列。其二，伟大奋斗精神，体现在"革故鼎新、自强不息"之中。中国人民深刻理解"要幸福就要奋斗"的道理，倾尽聪明才智、辛勤汗水，才会有大好河山、广袤良田和多姿多彩的生活。其三，伟大团结精神，体现在"团结一心、同舟共济"之中。56个民族多元一体、交织相融，中华民族大家庭和衷共济、守望相助，团结就是力量、团结才能前进，这里有传统文化迸发出的凝聚力，也是中国人民千百年亲身经历得出的深刻体会。其四，伟大梦想精神，体现在"心怀梦想、不懈追求"之中。没有比脚更长的路，没有比人更高的山，勇于追求和实现梦想的执着精神已经熔铸在民族品格之中，时至今日，实现中华民族伟大复兴的中国梦，已经成为凝聚海内外中华儿女的"最大公约数"，成为引领中国亿万人民一往无前的精神旗帜。

民族精神是一个民族赖以长久生存的灵魂。唯有精神上达到一定的高度，这个民族才能无论面对怎样的历史洪流始终屹立不倒、奋勇向前。中国人民的伟大创造精神、伟大奋斗精神、伟大团结精神、伟大梦想精神，是撑起伟大民族精神的四根柱石，创造了博大精深的中华文明，形成了自强不息的民族品格，书写了波澜壮阔的中华民族发展史，为国家发展和人类文明进步提供了强大精神动力。伟大的民族精神是我们的骄傲，更是我们坚定中国特色社会主义道路自信、理论自信、制度自信、文化自信的底气，是我们风雨无阻、高歌行进的根本力量。

新的时代已经在我们面前展开。今天的中华民族，早已走出近代以来的磨难，实现了从站起来、富起来到强起来的伟大飞跃；今天的中国，比历史上任何时期都更接近、更有信心和能力实现中华民族伟大复兴的目标。时和势依然在我，精气神鼓而不泄，要把决胜全面建成小康社会、开启全面建设社会主义现代化国家新征程、实现中华民族伟大复兴的宏伟蓝图变为现实，路还很长，还要闯过一个个"腊子口""娄山关"，仍然需要全体中国人民始终发扬伟大创造精神、伟大奋斗精神、伟大团结精神、伟大梦想精神，继续创造一个又一个人间奇迹。我们要以新的奋斗打开新的局面，以脚踏实地迈向光辉山巅，以勇往直前、无坚不摧的强大力量书写复兴华章！

（选自《经济日报》2018年3月21日）

用传统文化之光照亮民族复兴之路

——党的十八大以来中华优秀传统文化传承发展述评

习近平总书记指出："我们要结合新的时代条件传承和弘扬中华优秀传统文化，传承和弘扬中华美学精神。"党的十八大以来，党中央高度重视中华优秀传统文化的传承发展，始终从中华民族最深沉精神追求的深度看待优秀传统文化，从国家战略资源的高度继承优秀传统文化，从推动中华民族现代化进程的角度创新发展优秀传统文化，使之成为实现"两个一百年"奋斗目标和中华民族伟大复兴中国梦的根本性力量。

党的十八大以来，国家对传统文化资源进行了大规模梳理，统筹实施中华文化资源普查工程、国家古籍保护工程等15个重点计划项目，组织编纂《复兴文库》《中华优秀传统文化百部经典》《中国历代绘画大系》等，开展可移动文物、古籍文献、美术馆藏品等文化资源普查，健全文物、非遗、古籍等名录体系，进一步清理文化遗产家底。此外，实施了重点文物保护工程，不可移动文物保存状况显著改善，防火、防盗、防破坏成效明显。世界文化遗产、大遗址、国家考古遗址公园、历史文化名城名镇名村、传统村落的保护也得到进一步加强。

2017 年初，中共中央办公厅、国务院印发了《关于实施中华优秀传统文化传承发展工程的意见》，把传承中华传统优秀文化推上了新的历史高度。作为其中的一个重点项目，"中国民间文学大系出版工程"随即启动，对建构中华优秀传统文化传承新体系产生了重要而深远的影响。据悉，一期工程和二期工程已经形成了 11000 余册、约 18 亿字的资料，包含神话、传说、民间故事等，其中 50% 经过了数字化转化。

5 年来，我国先后通过 4 次全国性调查，将 4153 个具有重要保护价值的村落列入中国传统村落名录，形成了世界上规模最大的农耕文明遗产保护群。目前，在已确定的传统村落中，63% 的村落传统公共建筑得到保护修缮，70% 以上的村落人居环境明显改善，一大批国家级非遗代表项目得到了很好的传承。同时，住建部已启动濒危传统村落保护专项行动来遏制传统村落的衰败趋势。

开拓传统文化传播新格局

习近平总书记指出，弘扬中华文化，不仅自己要从中汲取精神力量，而且要积极推动中外文明交流互鉴，讲述好中国故事、传播好中国声音，促进中外民众相互了解和理解，为实现中国梦营造良好环境。

党的十八大以来，国家不断加强对外文化交流合作，创新人文交流方式，丰富文化交流内容，提高文化交流水平。海外中国文化中心、孔子学院、文化节展、文物展览、博览会、书展、电影节、体育活动、旅游推介和各类品牌活动，都有力地助推了中华优秀传统文化的国际传播；中华医药、中华烹饪、中华武术、中华典籍、中国园林、中国节日，以及戏曲、民乐、书法、国画等传统文化艺术屡屡走出国门。2016 年是汤显祖、莎士比亚、塞万提斯逝世 400 周年，形式多样的文艺活动不仅在国内上演，还走出国门，引发人们对中西方文明互鉴的思考，推动了中外人民的交流，加深了相互理解。

通过"一带一路"沿线国家的文化交流合作，对外文化贸易蓬勃发展，大量能体现中华文化特色、具有较强竞争力的文化产品走向国际市场。近年来，我国一直在探索中华文化国际传播与交

为纪念汤显祖和莎士比亚逝世 400 周年，来自汤显祖的故乡中国江西抚州的演员在英国莎士比亚故居花园表演戏曲

流的新模式，综合运用大众传播、群体传播、人际传播等方式，构建全方位、多层次、宽领域的中华文化传播格局。

党的十八大以来，我国日益重视出版物的国际推广与传播。如扶持汉学家和海外出版机构翻译出版中国图书，通过华侨华人、文化体育名人、各方面出境人员，依托我国驻外机构、中资企业、与我友好合作机构和世界各地的中餐馆等，讲好中国故事、传播好中国声音、阐释好中国特色、展示好中国形象。

国际汉学交流和中外智库合作愈发深入。由文化部和中国社会科学院共同主办的"汉学与当代中国"座谈会、"青年汉学家研修计划"搭建起了中外思想对话的桥梁。

党的十八大以来，传统文化在时代语境下的传播模式不断改进，传统文化与其他文化创意产业相结合，增加了文化娱乐性和吸引力。大型纪录片《记住乡愁》，电视节目《中国汉字听写大会》《中国诗词大会》《中国成语大会》等引发了全民关注的热潮，成为一种文化符号。

党的十八大以来，文化遗产价值更加深入人心。传统节日、自然和文化遗产日期间的文化遗产展示展演活动彰显魅力，成都国际非遗节、中国非遗博览会等展会广受关注，丝绸之路、花山岩画、珠算、二十四节气等项目申报世界遗产和人类非物质文化遗产名录连获成功，全社会保护文化遗产的自觉意识全面提升。

近年来，"我们的节日"主题活动在全国各地深入开展，对于弘扬传统文化起到了积极的作用。《关于实施中华优秀传统文化传承发展工程的意见》提出，要丰富春节等传统节日文化内涵，形成新的节日习俗，"使中华民族最基本的文化基因与当代文化相适应、与现代社会相协调"。中国传统节日必将在新时代焕发更加迷人的魅力。

（作者：郭超；选自《光明日报》2017 年 9 月 21 日）

生活观察

留住"活"的传统

我曾经采访过一位铁匠，人们都喊他"田师傅"。在他的铁匠铺里，祖辈传下来的上百件工具被他精心地挂在墙上。它们带着古朴和刚强，散发着陈旧

的气息。在铺子的一角，我发现了铁匠的地铺，只有破旧的被子和枕头，那便是他守望传统的住所。

每天，铁匠铺子的炉火一闪、锤声一响，人们便挤到门口来看热闹。大家还送了他一个外号——"末代小炉匠"。然而，他的存在已与现代的城镇生活形成了一种矛盾：小区需要安静，不能让他再继续打铁；平房需要拆，也不能留下这个作坊。

开始我想，要解决这个矛盾并不难，只要找一间房子，把他祖传的老物件、老工具搬进去，建一间城镇民间铁匠博物馆就可以了。但这样表面上留住了文化，实际上却丢失了传统。传统在生活中，是一种活态的文化。博物馆可以留存住一些传统，但那只是记忆性的、物态的。如果人们只能从死的物件上去记载传统，那将意味着活的传统在眼前消失。

在思考传统如何适应新的环境时，我想起冯骥才先生说过的一句话："传统的生动是留住传统的重要因素。"留住传统，特别是留住活态的、生动的传统，必须使传承者自身有积极性。

说回那位田师傅，在生活中他还有许多独特的手艺。以前每到清明，家家为故去的亲人烧纸，都要先在纸上打上"印"。这种打印的工具叫"纸镊子"，如今市面已经上没有卖的了，但田师傅就会做。一次与他聊天，说起从前挖煤的矿工有一种用嘴叼的"灯虎子"，有了它便可以腾出双手去背筐爬坡。听完我的描述，他竟然很快就做了一个出来，造型十分精美，让人赞叹。我常常夸赞田师傅的心灵手巧。他总是淡淡地说，这没什么，就是从心里喜欢罢了。正是由于田师傅那种发自内心的热爱，才让这些老传统得以顽强地存在。

像田师傅这样的人有很多，他们的价值还没有得到大众的广泛认知。如今的城镇生活中，每天依然有很多企业、艺术家、公共服务部门正在寻找着田师傅这样的人。需要他们来制作、修复那些正在消失的老物件，例如犁杖、垮车子、轱辘、绳车子、老锯、斧子等。

社会转型期中，传统最易丢失。而一种传统的丢失，往往意味着一部分文化的消亡。只有让那些生动的传统活下来，其中的文化价值才能被传承下去、保护下去。

对田师傅的传统手艺，我们也不是全部的继承，而是有所舍弃与保留。未来的城镇发展需要保护生态环境，必须要对铁匠作坊所产生的烟尘、废料进行限制；未来的居住环境越来越趋于宜居化，需要更加安静，铁匠作坊的锤声将被限制；铁匠作坊的功能与社会生活的需求逐渐分离，单件打制已满足不了批量需求。这些，都是需要我们进行选择和调整的。

但从古至今的铁匠们所传承的技艺，以及包含在其中的历史、民俗文化是必须保留的。比如对于铁匠的锤声，可以在"六一"儿童节、"五一"劳动节的时候举行"响锤节"，让孩子和生活在城市中的人们去听一听铁匠文化的久远呼唤，唤起大家对劳动创造者的尊敬和对曾经存在的文化遗产的思念。

无论社会如何进步，传统都不应该消亡，因为社会文明的发展与文化遗产的继承并不矛盾。对传统最好的保护和传承，就是让文化遗产能够与现实生活的和谐交融，让它们仍旧"活"在我们的生活里。

（作者：曹保明；选自《中国艺术报》2015 年 3 月 11 日）

群山深处"国学村"

河北省迁西县有一个"国学村"，村里有一座国学堂，这个只有 111 户人家的小山村，这些年培养出 48 名大学生，其中还有 1 名博士后。厚重的"国学"二字加上"大学生摇篮"的口碑，吸引了越来越多的访客。

从迁西县县城驱车南行，在群山中穿行了半小时，东莲花院乡马家沟村就在眼前。村头一块"国学村"的牌子

格外醒目，像是表明这个小山村的与众不同。顺着一段缓坡进村，村道被叫作国学一条街，两旁的墙上是当地书画家引经据典绘制和书写的壁画、名言，刻意营造着一种国学文化氛围。

马家沟村只有 111 户人家，340 多人，四面环山，果木繁茂，是一个世外桃源般的小山村。马家沟村民大都偏爱《三字经》《弟子规》《论语》等国学经典，乡亲们说这是祖祖辈辈传下来的喜好，常常念叨念叨，不仅自己长学问，还能教孩子们长学问。

2010 年，马家沟村思谋如何发展，村干部们就想到了"祖祖辈辈传下来的喜好"，上报县里要建"国学村"，借弘扬国学文化，走一条与众不同的发展之路。于是，马家沟有了国学一条街，建起了能容纳 60 多人的国学堂，还给村民免费发放了国学道德教育课本和挂图。

说实话，这些"面儿上的事"还真没有打动我们。"画在墙上、写在书上的国学是让人看的，记在心里的国学是

让人学着做的。"倒是村党支部书记马殿阁这句话，让我们下决心要听听看看马家沟人如何把记在心里的国学做出来。不想这一听一看，还真开了眼，动了情。

马家沟果树多，劳力少，每逢果树嫁接等农事要紧当口，村里的困难户总能得到街坊邻里分文不取的帮助；张满英的丈夫摔成重伤，正当这个从江西嫁过来的媳妇面对医疗费一筹莫展时，村民仅半天时间就捐款 4000 元；家家户户把定期举办的"孝老敬老"村星评选当成"大事件"，乡亲们会自发地登门恭贺，以此表达对当选者的敬重……

那天，我们正在马家沟举着相机沿街选景，迎面碰上一群外地访客，这些城里人到此一游的目的之一，就是要"旁听"马家沟国学堂的国学课。乡亲们说，马家沟如今的好名声，尊老爱亲、邻里和睦、好学上进的好村风，都是沾了国学的光。

（作者：贾恒、顾大鹏；选自《河北日报》2014 年 6 月 20 日）

深度思考 ★★★★★

传统文化成最大"网红"的启示

2017 年传统文化热席卷影视、综艺、图书出版、教育等行业，以传统文化为题材和内容的多种艺术样式不断涌现。针对这样的文化现象，有媒体评论说"诗词、非遗、文物，传统文化成 2017 年最大'网红'"。

2017 年新年伊始，《中国诗词大会》第二季在中央电视台播出，很快以超出预期的热度迅速在电视屏幕和社交网络上走红，为"传统文化热"开了一个好头。中央电视台推出《中国诗词大会》，就是"希望人们在喧闹的娱乐性综艺之后能回归优秀传统文化的支撑，回归诗歌的国度"。

随之，荧屏上出现传统诗词文化热，比如东方卫视的《诗书中华》，浙江卫视的《向上吧！诗词》，河北卫视的《中华好诗词》等，还有从诗词拓展到阅读传统文化经典的《朗读者》《阅读·阅美》……这些文化类综艺节目被誉为"电视界的一股清流"。《百心百匠》《寻找手艺》《了不起的匠人》等，这些旨在弘扬工匠文化、工匠精神的纪录片，受到人们的关注，它们以创新形式记录了漆器、蜀锦、古纸等东方传统技艺的制作过程，为非遗注入匠心传承的内涵。

原藏在博物馆以"高冷"面目示人的文物，通过利用电视文化的形式，借助新技术，不断创新、增加时尚文化元素，走向大众，这些文物类影视作品成了

"爆款"。2016 年的《我在故宫修文物》深受年轻人喜爱，而央视的《国家宝藏》带来了九大国家级博物馆（院）的"国宝秀"，成为社交网络的热点话题。

　　中央电视台制作的《如果国宝会说话》每集有一个主要文物，还配有其他辅助文物。所选文物，力求是在中国历史发展中对文明进程具有推进或改变作用的文物，在中华文明形成与传扬中具有重要价值的文物，能反映生产力水平、人民创造、时代精神、文化传统的文物，让拍摄的这些文物，成为从物质文明史角度出发的中华文明的视频索引。这些以文化遗产为主题的电视节目，让我们看到了中华文明历史生长的脉络和痕迹，树立起民族文化自信，找寻到通向未来的文明路径。

　　探究传统文化热，其中，有文化媒体传播的作用，有影视文化独特的、通俗易懂、贴近大众的解读历史传统的文化传播方式，但其更主要的是得益于中国传统文化异常丰厚的内蕴，我们在传统文化这座"金矿"中，挖掘出了丰富的文化"矿藏"。

　　无论古诗词热也好，文化遗产热也好，还是历史文物热，它们都是通过不同的文化艺术样式来解读历史、解读传统和解读经典，这给予了我们丰富的历史想象，激起了我们对民族历史和传统文化的兴趣，使我们感受到担负起继承和传播传统文化的重任。传统文化给予我们的是一种历史的情愫。对于我们的民族来说，对于我们个体生命来说，我们都无法割断与历史的联系。文化传统，或可说是一部古籍经典，或可说是一处历史遗迹，或可说一件文物，也可说是历代圣贤名哲的思想……这些作为文化保存形式或纯粹精神的保存形式，构成了历史、构成了传统。它们让我们有了历史的记忆，让我们可以窥见遥远、悠久的历史的面孔。历史并不是遥远的东西，我们每个人都身处在历史的演进之中。

　　为什么传统文化成为当下最大的"网红"？绝大多数中国人的心里，都或多或少存留着传统文化的积淀，传统文化是我们文化的"根"。这源于我们不能割舍的对传统文化精神的热爱，是我们的心灵中仍然保留着中国传统文化传承下去的薪火。所以，电视荧幕将视角聚焦传统文化，一定能得到受众的关注，这样的节目既高雅又有深度。

　　（作者：袁跃兴；选自《北京晚报》2018 年 2 月 2 日）

【思考】

　　为什么传统文化成为当下最大的"网红"？你的答案是什么？

十　当咖啡遇到茶

2007年初，一间开在故宫里的咖啡店引发了一场关乎文化的广泛争论。这家星巴克咖啡店，属于美国的一家连锁经营企业。在古香古色的故宫建筑群落里，它作为一种外来消费文化符号显得格外引人注目。

有人呼吁把星巴克咖啡店从故宫里请出去，因为故宫是中国传统传统文化的象征，是最为中国化的文化符号。星巴克咖啡店入驻故宫，已经不是一个简单的商业问题，实际上宣示着外来消费文化对中国传统文化空间的挪用。"故宫里的星巴克"侵犯了中国文化的主体性。

也有人觉得这是小题大做。他们认为故宫是中国的，也是世界的，是全人类的共同财富。一个有文化自信的大国，不会拒绝外来文化的碰撞和交融。

围绕着星巴克咖啡店在故宫的去留问题，人们的争论愈演愈烈。国内外几百家媒体竞相报道，成为轰动一时的文化事件。

几个月后，这场争论伴随着星巴克咖啡店离开故宫而渐渐平息，但它留给我们的思考却远未停止。

"只有交流互鉴，一种文明才能充满生命力。"在开放多元的世界文化大花园里，如何既保持中国文化的民族特色，又能以开放包容的态度学习借鉴优秀的外来文化，是摆在我们面前的一个现实课题。在文明与文明的对话中，碰撞出思想的火花，照亮彼此的心灵。

时代背景 ★★★★

拥抱文化多样性

全世界的主要冲突中，有四分之三与文化层面有关。弥合不同文化间的差距，不仅对于和平、稳定与发展至关重要，而且也是当务之急。

文化多样性是发展的动力源泉之一，这不仅体现在经济增长方面，也是引导人们在智力、情感、道德和精神方面过上更充实生活的一种手段。联合国制定的七项文化公约都印证了这一点，这些公约为促进文化多样性奠定了坚实的基础。文化多样性也因此成为减贫和实现可持续发展的一笔不可或缺的财富。

与此同时，接受并承认文化多样

性，特别是通过创新使用媒体和信息通信技术，有利于推动不同文明和文化间的对话、尊重和相互理解。

2001年，联合国教科文组织通过了《世界文化多样性宣言》。2002年12月，联合国大会在其通过的第57/249号决议中宣布，将5月21日设立为"世界文化多样性促进对话和发展日"。"世界文化多样性促进对话和发展日"为加深人们对文化多样性价值的了解，并加快实现2005年10月20日通过的《联合国教科文组织保护和促进文化表现形式多样性公约》的四项目标提供了一个机遇。这四项目标是：支持可持续的文化治理系统；实现文化产品和服务的均衡流动，增强艺术家和文化专业人员的行动能力；在可持续发展框架内整合文化；促进人权和基本自由。

2017年5月21日，联合国教科文组织总干事伊琳娜·博科娃在世界文化多样性促进对话和发展日发表致辞。全文如下：

正如自然多样性是维系生态系统的根本，文化多样性乃是有活力的社会的命脉。文化多样性提供了新的理念和观点，让我们的生活变得丰富多彩，促使我们一起发展成长。文化多样化的课堂不仅更具包容性，也更能激发学生的学习热情，提高学习成绩。文化多样化的工作场所不仅更具创新性，也更有助于提高生产率和经济效益。

借助今天这个机会，让我们赞颂文化多样性包括人类丰富的非物质遗产所带来的巨大贡献，并重申我们致力于建设一个以相互了解和文化间对话价值观为基础的更加和平的世界。

借助《2030年可持续发展议程》，国际社会认识到文化作为改革与发展推动力的重要作用。不去发挥人类文化多样性的力量和创造潜力，不进行持续对话以确保社会所有成员受益于发展，就不可能实现17个可持续发展目标。

今天，在赞颂文化多样性的同时，我们也须谨记，文化多样性正日益受到威胁。在世界各地，暴力极端分子以文化少数群体为攻击目标，摧毁了我们的人类共同遗产，意图削弱各国人民与其历史之间根深蒂固的关联。另一方面，无限制的城市开发，有可能使我们的城市趋同化，逐渐丧失城市本身的社会多样性和身份独特性。

马丁·路德·金说过："世界上任何一地的不公正都是对普世公正的一种威胁。人类处在难以挣脱的相依相存之网中，共同的命运将我们牢牢捆绑在一起。"本着这一精神，我认为，21世纪我们需要一种新人文主义，让指引着人们向往公正、相互理解和尊严的那些根本追求焕发新生。

教科文组织坚信，以人权为本，人们彼此之间的差异性和多样性会使我们变得更加强大；而尊重文化多样性，对于促进文化间对话、可持续发展以及和平则具有至关重要意义。在我们共同努力落实 2030 年议程并应对文化多样性所面临威胁的同时，让我们以今天这个"世界文化多样性促进对话和发展日"的精神为指南，通过拥抱我们的文化多样性，力争为我们所有人打造一个更加辉煌的"共同的命运"。

以开放包容的文化思维讲好"人类命运共同体"故事

21 世纪以来，经济全球化愈加深入，世界多极化愈加显著，但世界并不太平，生态环境不断恶化、局部战争此起彼伏、恐怖主义时有抬头，全球治理面临难题和困境。面对世界复杂形势和全球性问题，中国需要发声并担负起大国的责任。作为对国际社会期待的积极回应，习近平倡导"人类命运共同体"意识，寻求人类共同利益和共同价值新内涵，体现了负责任大国的担当，中国方案得到全球许多国家政要的认同和点赞。

以倡导"人类命运共同体"的意识为核心的中国方案，是习近平总书记的全球治理思想的重要体现，这既是一种新的世界观，也是一种新的文化观和新的价值观。它广泛汲取了中华文化的智慧，也积极借鉴了其他文化的优秀成果，为人类和平发展、国际关系的有序化注入了新的理念和发展经验，重构了一种不同于"国强必霸"逻辑主导下、西方强国殖民弱国的人类文明交往新模式，充分展示了当代中国人面向世界的从容自信。

讲好"人类命运共同体"故事，一定要有世界眼光和现代意识。既要依托中国传统文化"软力量"的吸引力，体现大国心态和文化包容特质，更要依赖文化"软实力"的辐射力，充分展示中国当代文化的创意创新能力。因此，讲故事要体现中国文化的使命担当和价值先导，展示中国文化的丰富多彩、和而不同的包容理念，尤其是作为美美与共内核的"价值共享"的前瞻未来，这是建构"人类命运共同体"意识要遵循的前提。中华民族从哪里来，要到哪里去？只有讲出中国历史发展的真相与源流，才能消除外部世界对中国历史文化及其发展道路的误解，从而增进外国民众对中国历史和传统的亲和力。中华文化主张的"和而不同"处事原则，可以为世界各种利益纠纷与冲突提供实现各得其所的选择。世界好，中国才能好；中国好，世界才更好，这是中国人民的共同心声。

讲好"人类命运共同体"的中国故事，要着力塑造文明型崛起的中国形象。要展示多样化的中国，变"复杂"中国为"多彩"中国，发掘并塑造全面、多元、真实鲜活的人物形象，积极传播那个已在世界中并融入人类命运共同体的多样化中国形象，向世界展现一个多彩生动、担当有为的中国。要讲出属于全人类的中国故事，把公平、正义、真理、公道、自由等出于人类良知及理性的共同价值表达出来。在世界舞台上，2016 年 G20 二十国集团领导人杭州峰会主题晚会《最忆是杭州》以《春江花月夜》《采茶舞曲》《梁祝》《高山流水》《天鹅湖》《月光》《我和我的祖国》《难忘茉莉花》《欢乐颂》等曲目，所展现的就是一幅幅"美美与共"的画面，艺术地表达了天地和谐、劳动之美、爱情不渝、知音相遇、挚爱祖国，以及向往自由、追求和平的情愫，这些审美共通感和共享价值，就是"命运共同体"的艺术效应。

构建"人类命运共同体"，需要在文明互鉴视野中以美人之美、各美其美、美美与共达成共识，它不是某种强势文化或者文明的单一覆盖，而是凸显文明的丰富多彩、平等、包容的文化价值追求，张扬和而不同的文明理念。构建"人类命运共同体"是人类文明进步的正确方向。

（作者：范玉刚）

时政之窗 ★★★★★

孔子学院属于中国，也属于世界

2018 年 1 月 23 日，中央全面深化改革领导小组第二次会议审议通过了《关于推进孔子学院改革发展的指导意见》，为孔子学院在新时代的发展提供了行动指南。当前，孔子学院业已成为包容共享、和谐共生的中外人文交流品牌，525 所孔子学院和 1113 个课堂遍布全球 146 个国家和地区。

习近平总书记在致信祝贺全球孔子学院建立 10 周年暨首个全球"孔子学院日"时指出，孔子学院属于中国，也属于世界。一句话里蕴含着三层含义。

孔子学院既是讲好中国故事的播音

机，更是民心相交的孵化器。通过把中华民族的文化基因、文化精神、文化创新成果推广开来、弘扬起来、传播出去，向世界展现一个真实的中国、立体的中国、全面的中国，孔子学院堪称讲好中国故事、传播好中国声音、阐释好中国特色的典范。讲、播、释，能否增强对外话语的创造力、感召力、公信力，换言之，能否直抵对方的心灵，则重在交互。习近平总书记视孔子学院为"中外语言文化交流的窗口和桥梁"。以孔子学院传授的汉语为媒介，中外民众心与心的交互得以可能，进而实现心与心的交融。比如，汉堡大学孔子学院便被打造成为当地德国民众的社区文化中心，在此，中德民众在家长里短之间把连接两国友谊的纽带扎紧。

孔子学院培育的既是国际社会的中国情感，更是人类命运共同体意识。孔子学院秉承"相互尊重、友好协商、平等互利"的校训，为实现伟大梦想营造和平的外部环境、凝聚磅礴的国际力量。在党的十九大报告中，习近平总书记呼吁各国人民同心协力，构建人类命运共同体。2017 年年底召开的第十二届全球孔子学院大会便以"为构建人类命运共同体贡献力量"为主题。孔子学院所在之处，就应该是一片片播种人类命运共同体意识、进行文明交流互鉴的沃土。

孔子学院展现的既是世界情怀，更是"四个自信"。播撒人类命运共同体意识的种子，孔子学院彰显的是天下为公的情怀，宣扬的是中国共产党矢志不渝的使命，即为人类做出新的更大的贡献。中外交流最行之有效的方法，便是"桃李不言，下自成蹊"。讲好中国故事、传播好中国声音、阐释好中国特色，首先要有可讲的中国故事、可播的中国声音、可释的中国特色。这些故事、声音、特色扎根于但绝不囿于中华优秀传统文化。中国"文化自信"中的"文化"，还包括革命文化，尤其是植根于中国特色社会主义伟大实践的中国特色社会主义文化。

唯有以无比广阔的时代舞台、无比深厚的历史底蕴、无比强大的前进定力搞好中国特色社会主义建设，方可激荡道路自信、理论自信、制度自信、文化自信，进而给那些渴求独立自主、和平发展的国家和民族提供全新选择，为解决各国利益交融、兴衰相伴、安危与共的挑战贡献中国智慧和中国方案。

在这个新时代里，孔子学院大有可为！

（作者：俞可；选自《人民日报》2018 年 1 月 31 日）

每个人都是"中国读本"

在国际交流场合中，大使的角色总是受人尊敬与向往，而作为外交系统的高级代表，大使的工作又让人可望而不可即。"大使不够用"的难题，随着中外人文交流的深入愈发明显。2017年中共中央办公厅、国务院办公厅印发了《关于加强和改进中外人文交流工作的若干意见》（以下简称《意见》），为推动社会力量广泛参与中外交流事业，提供了坚强的制度保证。"人人当大使"不是梦，国人都可以成为文化使者，向世界讲述精彩纷呈的中国故事。

2017年，国内和入境旅游人数超过51亿人次，未来5年出境旅游人数将达到7亿人次……在中外互动日益频繁的当下，《意见》的出台，有助于推动中外民心相通和文明互鉴，达到新的高度。也就是说，未来"人文交流"在中国特色大国外交中扮演的角色，将更为重要。尤其对于那些不在专职外事部门、对外经贸领域工作的人而言，《意见》是极具现实意义的政策激励，体现了中国对外交流思想意识上的进步与突破。

事实上，中央层面在推动中外人文交流发展方面，可谓不遗余力。从2014年北京召开的亚洲太平洋经济合作组织会议，到2016年的G20二十国集团领导人杭州峰会，再到2017年的"一带一路"国际合作高峰论坛、金砖国家领导人厦门会晤，每逢国际盛会，总会举办类似图书出版、智库对话等极具特点的人文交流配套活动。而随着中国与多个国家的高级别人文交流机制的建立，有温度、有情感、有人文气息的现代大国形象，也于悄然之间改变着一些人脑海中"死板""高冷""神秘"的固有认知。

偏远山村的村主任到美国讲述感人至深的中国故事，濒临失传的手工艺作品经国际传播重焕生机，锐意进取的青年创客在国际竞赛中大放异彩……这无论是重点支持汉语、中医药、武术等代表性项目走出去，还是深化中外留学与合作办学、文物、美术和音乐展演等方面的国际合作，完善多层次、全方位、广覆盖的中外人文交流工作机制，起到的是交流互鉴、增进共识的积极作用，将推动中国对外开放事业再上台阶。

有人说，不管在哪里，我们每个人都是一册"中国读本"。的确，篮球运动员姚明对美国人认识中国的影响，可能会超过几十本介绍中国的书籍；而拾荒老人在浙江图书馆先洗手后看书的故事，或许会令无数外国人动容。这说明，要想改变一些西方国家对中国的偏见与误解，关键还是得把中国形象"下沉"到具体的人和事之中。在中国日益走近世界舞台中央的新时代，中国人的对外自信和外国人的对华需求，都在要求我们兴起一股"人人当大使"的新风。可以想象，未来人文交流必会呈现出"百花齐放"的喜人局面，中国文化形象的亲切感亦能借此深入人心。

回顾基于西方实践的主流国际关系理论，人文交流总会被利益、权力、博弈、竞争等字眼掩盖。中国作为21世纪的新型大国，追求的不只是总体实力、经济增长，还有文明的平等互鉴、开放包容。从这个角度来看，《意见》确实是中国推进人类命运共同体建设的又一次创新。以此为指引，进一步消除不同国家之间的文化鸿沟，缩短不同民族之间的心理距离，相信国际社会面临的很多难题和冲突都能迎刃而解。

（作者：王文；选自《人民日报》2018年1月5日）

生活观察 ★★★★★

"未来汉语之星"——马修

2015年8月2日，第十四届"汉语桥"世界大学生中文比赛在湖南省长沙市圆满落下帷幕。哥伦比亚麦德林孔子学院选手马修凭借其非凡的汉语实力、超强的团队协作能力及无与伦比的亲和力，过五关斩六将晋级5强，并最终自97个国家的133名选手中脱颖而出，成为美洲洲冠军。

荣誉的背后是艰辛的付出。作为孔子学院榜样学员的马修，从开始准备参赛起，他就以最严格的标准要求自己，而且有些苛刻。每当发错音、记错词，他就自罚数十遍。

马修学习汉语时间并不长。在家庭父辈的影响下，他3年前来到麦德林孔子学院开始自己的汉语学

习生涯。2013年，他享受到孔子学院总部/国家汉办的奖学金进入大连外国语大学进行深造，2014年8月结业回国。在大连外国语学院留学的一年堪称马修汉语学习历程中的关键时期。在校领导、老师们的关爱与悉心调教下，马修的汉语水平突飞猛进。他从留学前只能说一些简单的句子，到了能够站在众人面前，用流利的中文如数家珍般地分

享自己在中国的生活经历：从中国的历史、文化、风俗习惯到发展变化，从高铁、轻轨、地铁和出租车到淘宝、京东、当当……从餐厅点餐到穷游中国，马修俨然是一个爱上中国、青睐火锅、喜欢吃川菜的中国通。

马修临赴华参赛前，麦德林孔子学院的全体教师和工作人员都给予其诚挚的祝福，每个人都期待他能够在中国学习更多汉语、体验不同文化的魅力、感受秀美的中国风光和积累更多的经验。不负众望的马修书写了哥伦比亚"汉语桥"比赛历史，创造了麦德林孔子学院的奇迹。

每当和孔子学院的老师们侃大山，马修总会提起汉语对他个人更深一层的意义，这都要从马修在大连外国语学院学习汉语时说起：马修的同学中有一个日本女孩儿，上课时总喜欢坐在他旁边，后来他们成了朋友，再后来她就成了马修的女朋友。这对儿跨国恋人总是骄傲地说："汉语是他们的红娘。"他们还约定，将来一起去中国发展。谈及与汉语的结缘，马修说："非常感谢爸爸妈妈、女朋友，还有汉办、大外、孔子学院的老师，我现在非常幸福。"

每每问到马修未来想去中国发展什么，这个喜欢在清晨啜饮黑咖啡的哥伦比亚小伙儿说出了自己的期望："我想

推广哥伦比亚文化。我最爱品尝不同国家的美食，所以觉得一个国家的美食能体现出它的文化。我希望推广哥伦比亚的美食，让中国人可以品尝到最正宗的哥伦比亚食品、喝到最纯正的哥伦比亚咖啡，让更多中国人了解我的祖国——那个地处南美洲的美丽国度。"

（作者：陈汝沛）

他乡，故乡

"月到天心处，风来水面时。"每当肯尼亚静谧的夜晚来临时，仰望星空，这句诗总是出现在我的脑海中。

在这片非洲土地上生活了两年多了，广袤的草原、喧闹的音乐、动感的舞蹈、草原上奔跑追逐的狮子猎豹……肯尼亚的一切都在不知不觉中潜入我的内心深处。随着离别的日子越来越近，我心中涌入的不舍和牵挂愈加强烈。

三四月份是内罗毕的短雨季。每当夜晚来临，淅淅沥沥的雨总是不期而至。对于任期将至的我来说，雨似乎也

带来了离别的惆怅和不舍。第一年任期结束时，我对回国度假是充满期待兴奋的，那时候可以学着灰太狼，幽默地说一句"我还会回来的"。而此刻的离别却是难说再见，因为我知道，这一离开，再见恐怕只能在梦里了。

还记得自己刚到肯尼亚时的心情，内心激动、紧张，充满对未知的恐惧。从机场出来，一股热浪和非洲人的热情扑面而来，置身于不同肤色的国度让我有了一种别样的感受。从机场到学校的路途中，沿途低矮的房子、穿着破烂的孩童、让我意识到，这里是非洲，一个让人联想到贫穷和疾病的非洲。

两年多的工作、生活，已让我慢慢适应了独特的非洲生活。肯尼亚慢节奏的日子，裹在烤鱼噼啪的烟火里，浸在啤酒醇香的泡沫里。在这里，时间是缓慢的，这使规定的上课、工作时间总是会推迟很久。这里没有四季更替，只有旱季雨季之分，停水、停电、断网是常事。时间在指缝间溜走，基本设施的落后，没有让我的生活空虚寂寞。当你适应它，从心底发自内心地接受它、热爱它之后，你会发现，来水时的声音是美妙的；停电时，头顶的星空是浩瀚的；没有网络时，与肯尼亚人面对面的交流是愉快的；就算学生爱迟到，但学生们渴求知识的眼神里散发着光芒。

我所任教的肯尼亚肯雅塔大学，主讲三门课：汉语语法课、文化课和阅读课。虽然这所大学在肯尼亚排名第二，但教学设施比较落后。上课的教室是平房，普通的黑板、粉笔、可移动的桌椅构成了教室的一切，国内大学的多媒体教室在这里是不存在的。而文化课要讲得生动，必须借助图片、视频影像等，为了让学生更直观地了解中国文化，我只能自己背着电脑、投影仪、音箱走二十多分钟的路程去给他们上课。虽然累，可看到学生看到视频后流露出的赞叹、惊奇，那一刻我就觉得，再累都值得。

在与学生相处的这两年时间里，不同文化之间的碰撞是在所难免的。肯尼亚人生活悠然自得，时间观念不强，通常上午9点上课，等到所有学生都到齐了，已经快10点了。学生总是迟到的习惯会影响我的教课进度。首先，作为一名外国人，我们应该理解他们这个普遍的现象，但作为一名负责任的中国教师，需要我在文化课的授课中，慢慢把中国人的一些习惯、习俗讲给他们听，告诉他们守时的重要性，在我的课上，请按照中国的传统来。终于，在一点点的交流中，学生会慢慢接受，直至后来他们都非常准时。

肯雅塔大学孔子学院，由最初建立时的2名中国教师逐步发展到今天

11位中方老师和近20名外方老师和工作人员，已初具规模。学生数量也在逐年递增，每年都有学习优异的肯尼亚学生获得奖学金去中国留学。在山东师范大学留学的肯尼亚学生几乎全部来自于我们的肯雅塔大学孔子学院。当我在肯尼亚收到他们来自中国的问候和感谢时，那一刻，我感到非常感动和骄傲。在这片贫瘠的土地上，我收获了不贫瘠的热情和友情，让我在这个没有任何娱乐，天黑只能睡觉的地方感到不孤单。

我们是筑梦者，打造着肯尼亚学生的汉语梦、中国梦！肯尼亚见证了我无数次黑夜的泪水，也见证了我无数次清晨太阳升起面对阳光嘴角浮现的微笑；它见证了我的脆弱，也见证了我的坚强。世界上总有一处地方，放得下我的喜与悲，包容着我的一切，磨平伤痛并赐予我力量，我想，肯尼亚之于我就是这么一个神奇的地方。很庆幸，在这片土地上，传播中华文化的同时，我也收获了内心的平和与安定。

有人说，穿过山，越过海，他乡怎能是故乡？我想说，此心安处是吾乡，他乡也能是故乡。

（作者：车春晖）

深度思考 ✦✦✦✦✦

传统节日 VS 洋节日

造型各异的圣诞老人、五彩缤纷的圣诞树、欢快动听的圣诞歌曲……随着圣诞节的日益临近，国内各地街头的"圣诞元素"几乎无所不在。

眼下的年轻人热衷于过洋节似乎是个不争的事实。他们为何喜爱洋节胜过传统节日？"圣诞节很好玩啊！"一名年轻的白领说，"过圣诞节非常开心，除了能收到各种礼物外，还能看电影、休闲娱乐，我觉得比过春节、中秋节、端午节等传统节日要浪漫。"

有专家解释，洋节的来临迎合了很多现代人的生活需求。如今生活水平提高，工作节奏加快，人们特别希望能在过节时放松紧张的神经、宣泄压抑的情绪。洋节恰好在某种程度上迎合了人们的这种需求，也因此越来越受到人们，尤其是年轻人的青睐。

各种洋节日风生水起，已经"威胁"到春节、中秋节、端午节等传统节日，如春节就受到圣诞节和情人节的"前后夹击"。面对洋节日"风景这边独好"，一些人在感叹传统节日的味道越来越淡。

面对洋节日的大举"入侵"，有人感到几分忧虑。人们呼吁全社会都应重视传统节日，因为这些节日背后蕴含的是中华民族独特的文化基因。在人们看来，传统节日的式微在一定程度上意味着民族文化的传承危机，而洋节日大行其道则是一种可怕的象征。

但也有人觉得"洋节将对我国传统节日形成冲击"的观点是一种误解，担心洋节日导致传统节日氛围越来越淡也完全没有必要。

一位国内的民俗学者表示，洋节日不可怕。首先，中国年轻人过洋节只是图个热闹，与过传统节日的心理状态完全不一样。象征喜庆的大红灯笼、红色中国结、写满吉祥话语的春联、充满智慧的猜谜语、热热闹闹的放鞭炮等，老祖宗几千年的爱好、几千年的习俗，岂是几棵圣诞树说赶走就能赶走的？其次，中国与世界各国之间的文化交流正与日俱增。在世界各地，除了海外华人外，许多外国人不是也和我们一起过春节吗？

面对节日习俗"洋盛土衰"的激辩，人们各有自己的判断和立场。在这个多元文化交流碰撞的时代里，一味追求洋节还是固守传统节日或许都不是一个理性的选择。传统节日有它鲜明的内涵和文化底蕴，而洋节也有其独特的魅力。不论是传统节日还是洋节日，都能满足人们心灵上的愉悦。因此，我们在大力提倡传统节日的同时也不妨对洋节更加宽容一点。传统节日和洋节日没有必要"水火不相容"，完全可以"和平共处"。

（作者：于红举）

【思考】

你怎样看待时下青少年热衷过洋节日的现象？

十一　厉害了，我的国

2015 年 3 月，中东国家也门的局势骤然紧张，军事冲突不断升级，生命时刻面临威胁的多国侨民正焦急地等待撤离。而此刻，包括美、英在内 10 多个国家的使馆已然关闭，也门机场也无法通航。

就在这危急关头，2015 年 3 月 29 日，一艘中国海军护卫舰抵达也门港口亚丁，122 名中国公民和 2 名外籍专家随舰撤离。3 月 30 日，也门西部港口荷台达，另一艘中国海军护卫舰将 449 名中国公民平安撤离。

4 月 2 日，中国政府应有关国家请求，决定开展人道主义救援行动。中国海军再次出动军舰，将 10 个国家的 225 名侨民自也门亚丁港成功撤离。撤离行动中，许多被救援的外国侨民手里挥舞着五星红旗，与中国海军官兵紧紧地拥抱在一起……

中华民族历来热爱和平，崇尚和睦，追求和谐。不断崛起的中国提出建设和谐世界的理念，向世界庄严承诺：中国将坚定不移地走和平发展的道路。

时代背景

中国梦是和平、发展、合作、共赢的梦

斗转星移，亘古不变的是人类追求梦想的百折不移的信念。

显然，各个民族的梦想，既有不同，又息息相通。不同的是文化与历史，相通的是对于美好幸福生活与经济社会进步的共同追求。

毫无疑问，中国梦是一个拨动人心弦的意蕴，连接着过去与现在、历史与未来，连接着国家与个人、中国与世界，是人类社会共同梦想中的一块美妙图画，独具东方文明神韵的一道亮丽风景。

翻开东西方人类文明交流史册：丝绸之路留下的是互利合作的足迹；鉴真和尚东渡日本，传播的是佛教的慈悲与智慧；郑和七下西洋，播撒的是友谊交往的种子……讲信修睦、善待他人的传统伦理，塑造了中华民族敦厚平和的秉性；海纳百川、兼容并蓄的传统哲学，孕育着中华民族推己及人的文化；协和万邦的传统历史，影响决定了中华民族

和谐共通的和平理念。

历史是现实的基础，也是开创未来的启示。

面对动荡变幻的国际政治舞台，中国外交奉行和平共处五项原则，坚持独立自主的和平外交政策，广交朋友，合作共赢，营造有利于国家建设与发展的外部环境，中国大踏步走向世界。截至2017年6月，建交国由初期的18个增加到现在的175个，中国同世界的关系变得丰富而多彩。

中国梦是和平的梦、友善的梦。

在"地球村"的村落里，中国是一个和平、友善、富于正义感的村民。她不会只想着自己奔小康，而忽视邻里伙伴的冷暖；她不会因为自己的强壮，而欺凌弱小。地球是圆的，世界是平的，携手合作、互利共赢、和平共处，是中国一贯奉行的外交原则。

中国梦是促进共同发展之梦。

实现中国梦，意味着约占全球五分之一的人口将得到很大程度的发展，这本身就是对世界的重大贡献。中国实现梦想的过程，也是进一步扩大开放、与各国分享更多发展成果和发展红利的过程。

中国梦是推动合作共赢之梦。

许多外国政要和专家学者指出，中国梦是与世界各国扩大利益汇合点，构建起利益共同体。

中国大力倡导人类"命运共同体"意识，主张世界各国在追求本国利益时兼顾他国合理关切，呼吁建立更加平等均衡的新型全球发展伙伴关系；同时，中国将更加积极地发挥负责任大国作用，为人类和平发展做出新的贡献，共同应对全球性挑战。

在经济全球化深入发展的今天，所有的国家、地区，都是地球村的一分子。

中国改革开放40年，是和平发展的40年，是与世界各国和平共处、共同发展的40年。中国今天取得的成就，得益于和平稳定的国际环境。

环视全球，中国经济被誉为"牵引许多国家的火车头""带动世界经济复苏的重要引擎"。

中国梦与世界各国人民的梦想息息相通，中国在实现自身发展的同时，将努力带动和帮助其他国家特别是发展中国家和周边国家发展，与各国更多分享发展机遇，使他们更好地实现自己的梦想。

中国希望同世界各国合作共赢，共同发展；中国人民希望通过实现中国梦，同各国人民一道共圆世界梦。

"万物并育而不相害，道并行而不相悖。"世界是多样的，梦想是多彩的。中国的梦想和发达国家的梦想、发展中国家的梦想相互借鉴、相互包容、相互尊重，在和而不同、求同存异的基础上，必将为人类文明做出更大的贡献。

（选自《百年潮·中国梦》第五集）

时政之窗

共同构建人类命运共同体

让和平的薪火代代相传，让发展的动力源源不断，让文明的光芒熠熠生辉，是各国人民的期待，也是我们这一代政治家应有的担当。中国方案是：构建人类命运共同体，实现共赢共享。

理念引领行动，方向决定出路。纵观近代以来的历史，建立公正合理的国际秩序是人类孜孜以求的目标。从360多年前《威斯特伐利亚和约》确立的平等和主权原则，到150多年前日内瓦公约确立的国际人道主义精神；从70多年前联合国宪章明确的四大宗旨和七项原则，到60多年前万隆会议倡导的和平共处五项原则，国际关系演变积累了一系列公认的原则。这些原则应该成为构建人类命运共同体的基本遵循。

主权平等，是数百年来国与国规范彼此关系最重要的准则，也是联合国及所有机构、组织共同遵循的首要原则。主权平等，真谛在于国家不分大小、强弱、贫富，主权和尊严必须得到尊重，内政不容干涉，都有权自主选择社会制度和发展道路。在联合国、世界贸易组织、世界卫生组织、世界知识产权组织、世界气象组织、国际电信联盟、万国邮政联盟、国际移民组织、国际劳工组织等机构，各国平等参与决策，构成了完善全球治理的重要力量。新形势下，我们要坚持主权平等，推动各国权利平等、机会平等、规则平等。

历史和现实给我们的启迪是：沟通协商是化解分歧的有效之策，政治谈判是解决冲突的根本之道。只要怀有真诚愿望，秉持足够善意，展现政治智慧，再大的冲突都能化解，再厚的坚冰都能打破。

"法者，治之端也"。在日内瓦，各国以联合国宪章为基础，就政治安全、贸易发展、社会人权、科技卫生、劳工产权、文化体育等领域达成了一系列国际公约和法律文书。法律的生命在于付诸实施，各国有责任维护国际法治权威，依法行使权利，善意履行义务。法律的生命也在于公平正义，各国和国际司法机构应该确保国际法平等统一适用，不能搞双重标准，不能"合则用、不合则弃"，真正做到"无偏无党，王道荡荡"。

"海纳百川，有容乃大。"开放包容，筑就了日内瓦多边外交大舞台。我们要推进国际关系民主化，不能搞"一国独霸"或"几方共治"。世界命运应该由各国共同掌握，国际规则应该由各国共同书写，全球事务应该由各国共同治理，发展成果应该由各国共同分享。

大道至简，实干为要。构建人类命运共同体，关键在行动。我认为，国际社会要从伙伴关系、安全格局、经济发展、文明交流、生态建设等方面做出努力。

坚持对话协商，建设一个持久和平的世界

国家和，则世界安；国家斗，则世界乱。从公元前的伯罗奔尼撒战争到两次世界大战，再到延续40余年的冷战，教训惨痛而深刻。"前事不忘，后事之师。"我们的先辈建立了联合国，为世界赢得70余年相对和平。我们要完善机制和手段，更好化解纷争和矛盾、消弭战乱和冲突。

瑞士作家、诺贝尔文学奖获得者黑塞说："不应为战争和毁灭效劳，而应为和平与谅解服务。"国家之间要构建对话不对抗、结伴不结盟的伙伴关系。

大国要尊重彼此核心利益和重大关切，管控矛盾分歧，努力构建不冲突不对抗、相互尊重、合作共赢的新型关系。只要坚持

赫尔曼·黑塞

沟通、真诚相处，"修昔底德陷阱"就可以避免。大国对小国要平等相待，不搞唯我独尊、强买强卖的霸道。任何国家都不能随意发动战争，不能破坏国际法治，不能打开潘多拉的盒子。核武器是悬在人类头上的"达摩克利斯之剑"，应该全面禁止并最终彻底销毁，实现无核世界。要秉持和平、主权、普惠、共治原则，把深海、极地、外空、互联网等领域打造成各方合作的新疆域，而不是相互博弈的竞技场。

坚持共建共享，建设一个普遍安全的世界

世上没有绝对安全的世外桃源，一国的安全不能建立在别国的动荡之上，他国的威胁也可能成为本国的挑战。邻居出了问题，不能光想着扎好自家篱笆，而应该去帮一把。"单则易折，众则难摧。"各方应该树立共同、综合、合作、可持续的安全观。

近年来，在欧洲、北非、中东发生的恐怖袭击事件再次表明，恐怖主义是人类公敌。反恐是各国共同义务，既要治标，更要治本。要加强协调，建立全球反恐统一战线，为各国人民撑起安全伞。当前，难民数量已经创下第二次世界大战结束以来的历史纪录。危机需要应对，根源值得深思。如果不是有家难归，谁会颠沛流离？联合国难民署、国际移民组织等要发挥统筹协调作用，动员全球力量有效应对。中国决定提供2亿元人民币新的人道援助，用于帮助叙利亚难民和流离失所者。恐怖主义、难民危机等问题都同地缘冲突密切相关，化解冲突是根本之策。当事各方要通过协商谈判，其他各方应该积极劝和促谈，尊重联合国发挥斡旋主渠道作用。禽流感、埃博拉、寨卡等疫情不断给国际卫生安全敲响警钟。世界卫生组织要发挥引领作用，加强疫情监测、信息沟通、经验交流、技术分享。国际社会应该加大对非洲等发展中国家卫生事业的支持和援助。

坚持合作共赢，建设一个共同繁荣的世界

发展是第一要务，适用于各国。各国要同舟共济，而不是以邻为壑。各国特别是主要经济体要加强宏观政策协调，兼顾当前和长远，着力解决深层次问题。要抓住新一轮科技革命和产业变革的历史性机遇，转变经济发展方式，坚持创新驱动，进一步发展社会生产力、释放社会创造力。要维护世界贸易组织规则，支持开放、透明、包容、非歧视性的多边贸易体制，构建开放型世界经济。如果搞贸易保护主义、画地为牢，损人不利己。

经济全球化是历史大势，促成了贸易大繁荣、投资大便利、人员大流动、技术大发展。当然，发展失衡、治理困境、数字鸿沟、公平赤字等问题也客观存在。这些是前进中的问题，我们要正视并设法解决，但不能因噎废食。我们要从历史中汲取智慧。历史学家早就断言，经济快速发展使社会变革成为必需，经济发展易获支持，而社会变革常遭抵制。我们不能因此踟蹰不前，而要砥砺前行。我们也要从现实中寻找答案。2008年爆发的国际金融危机启示我们，引导经济全球化健康发展，需要加强协调、完善治理，推动建设一个开放、包容、普惠、平衡、共赢的经济全球化，既要做大蛋糕，更要分好蛋糕，着力解决公平公正问题。

坚持交流互鉴，建设一个开放包容的世界

"和羹之美，在于合异。"人类文明多样性是世界的基本特征，也是人类进步的源泉。世界上有 200 多个国家和地区、2500 多个民族、多种宗教。不同历史和国情，不同民族和习俗，孕育了不同文明，使世界更加丰富多彩。文明没有高下、优劣之分，只有特色、地域之别。文明差异不应该成为世界冲突的根源，而应该成为人类文明进步的动力。

每种文明都有其独特魅力和深厚底蕴，都是人类的精神瑰宝。不同文明要取长补短、共同进步，让文明交流互鉴成为推动人类社会进步的动力、维护世界和平的纽带。

坚持绿色低碳，建设一个清洁美丽的世界

人与自然共生共存，伤害自然最终将伤及人类。空气、水、土壤、蓝天等自然资源用之不觉、失之难续。工业化创造了前所未有的物质财富，也产生了难以弥补的生态创伤。我们不能吃祖宗饭、断子孙路，用破坏性方式搞发展。绿水青山就是金山银山。我们应该遵循天人合一、道法自然的理念，寻求永续发展之路。

我们要倡导绿色、低碳、循环、可持续的生产生活方式，平衡推进2030 年可持续发展议程，不断开拓生产发展、生活富裕、生态良好的文明发展道路。《巴黎协定》的达成是全球气候治理史上的里程碑。我们不能让这一成果付诸东流。各方要共同推动协定实施。中国将继续采取行动应对气候变化，百分之百承担自己的义务。

中国古人说："善学者尽其理，善行者究其难。"构建人类命运共同体是一个美好的目标，也是一个需要一代又一代人接力跑才能实现的目标。中国愿同广大成员国、国际组织和机构一道，共同推进构建人类命运共同体的伟大进程。

（选自 2017 年 1 月 18 日习近平在联合国日内瓦总部的演讲）

生活观察 ★★★★★

"复活"本格拉铁路
——非洲大陆上的中国"标准"

2014 年 7 月 16 日，安哥拉女孩 Vumri 站在刚刚铺上钢轨的本格拉铁路上，格外兴奋："下个月我就可以带着妈妈坐火车去卢埃纳看外婆啦!" Vumri 是中国铁建二十局集团本格拉铁路卢奥项目部的工人，她的家乡在十多千米外的卢奥，她正和来自遥远东方的中国筑路工人们亲手修筑回家团聚的路。

本格拉铁路是安哥拉运输大动脉，

曾经是非洲大陆的第一大铁路。铁路始建于 1902 年，1929 年修到刚果边境。在长达 27 年的安哥拉内战中，本格拉铁路被炸毁。10 年前，中国铁建二十局集团的千余名中国工人千里迢迢来到西非，重新拼接起安哥拉人心中破碎的梦。

2014 年 8 月 13 日，横贯安哥拉全境、连接赞比亚和刚果（金）的钢铁大动脉——本格拉铁路全线主体工程竣工。"每当一个车站通车时，周边的百姓早早就徒步从几十千米外赶来，就想看一眼火车通过的场景，听一听记忆中的汽笛声。"Vumri 说。

与其他海外铁路项目不同的是，本格拉铁路修复工程全部采用中国标准。钢轨、枕木、道砟、机车、车厢、修建车站的所有建筑材料、施工机械全部来自中国。千余名中国项目管理者、技术工人先后带领 6 万余名安籍工人参与建设。

2002 年，安哥拉持续 27 年的内战宣告结束，百废待兴。

因参与修建青藏铁路，中国铁建二十局集团声名鹊起。2004 年，安哥拉重建办公室慕名找上门来。次年，1000 多名施工精英抵达西非。尽管居无定所、缺水少电、疾病困扰、语言不通，他们还是在不到两年时间里，出色地完成了罗安达铁路 150 千米的修建任务。2007 年 8 月，安哥拉政府主动与二十局集团签订了总长近 2000 千米的罗安达和本格拉两条铁路重建工程合同。

当时，葡萄牙、巴西等多国公司都在竞争这份重建工程合同。"他们的造价、工期是我们的 3 倍。"中国铁建二十局集团安哥拉工程指挥部指挥长刘峰说，"我们采用中国标准设计建设，设计方案更符合安哥拉经济发展需求，工程所需的原材料、技术都源自中国，分段施工方案大大缩短工期，造价更合理。"

据悉，为满足当地经济对铁路运输的迫切需求，全长 1344 千米的本格拉铁路修复工程采取分段建设、分段通车的运营模式，沿途共修建 72 个车站，其中一级车站 5 个。中国设计的新车站，融入了综合交通运输体系的现代思维，不仅考虑了货物和旅客流转方便，还方便与其他交通运输工具接驳。

合同签订后，工地旋即进入大干快上时期。无论是水泥、钢轨等建设物资，还是工作人员的食品、日用品，都需要从中国运输到安哥拉的洛比托港口，再分运到铁路沿线的施工驻地。中国铁建二十局集团仿佛变身为一个国际经销商，把民族工业产品源源不断地送到大洋彼岸。"复活"后的本格拉铁路通体都是"中国制造"，成了中国产品的陈列走廊。

夕阳时分，58 岁的周银顺摸着中国制造的钢轨、踩着中国砂石铺就的路基、望着中国通信系统发出的信号灯一闪一闪，脸上有心满意足的骄傲，心中却无法抹去小小的遗憾。

"要不是接受采访，我很难走出保障中心物流基地。"2008 年 4 月，酷爱摄影的周银顺来到安哥拉，曾经许诺多拍一些风景照片，回去给一辈子没走出过甘肃的老婆看一看。"我来这里 6 年了，只去过 5 次罗安达、本格拉的超市。"周银顺在保障中心物流基地负责入库、出库的资料核查记录工作，施工材料、零部件都是他一一发出的。建设者把它们组合成这条横跨东西部安哥拉的铁路线，他居然是第一次看到。

"雄壮的队伍浩浩荡荡/同志呀/你要问我们哪里去呀/我们要到祖国最需要的地方/离别了天山千里雪/但见那东海呀万顷浪……"

每天清晨，项目部都会播放这首《铁道兵志在四方》，与其说是早上叫醒，不如说天天提醒，他们曾经是"铁道兵"。

自打 18 岁起，张选就每天跟着喇叭吟唱。这歌声伴着他征服"青藏铁路"的冻土层，带着他实现京沪高铁的卓越，却无法让他抹去安哥拉痛彻心扉的遗憾。"当老母亲去世时，我还傻傻地，在非洲调配运输物资，还为在这里开展中安员工劳动竞赛而激动。"作为工程指挥部副指挥长，当火车驶过本格拉，开向万博时，他哭了。

（作者：于宛尼；选自《工人日报》2014 年 8 月 14 日）

剑指亚丁湾，威震印度洋

——中国海军护航故事

2008 年 12 月 26 日上午，中国海军首批护航编队从海南三亚军港起航，奔赴亚丁湾、索马里海域执行护航任务。

护航的日子里，有使命和荣誉，有责任与坚守，有风平浪静，也有惊涛骇浪，官兵们日常生活中的酸甜苦辣，犹如战舰行驶中激起的朵朵浪花……

"微山湖"舰特战分队重机枪手李跃——"驱狼"行动进行时

当地时间 2010 年 3 月 18 日，中国"振华 9 号"商船因为船速过慢，未能按时抵达曼德海峡东部预定海区。为了不致影响其他船舶的航行计划，编队决定由"微山湖"舰单独护送"振华 9 号"商船。

"微山湖"舰

3 月 20 日 9 时 45 分，我正在左舷值瞭望更。突然，左前方海域发现数艘疑似小艇正急速赶来。"'振华 9 号'左舷 160 度方向发现可疑目标！"我迅速将这一情况报告舰上指挥所。

指挥员邱和兴下令，"微山湖"舰斜插至"振华 9 号"左侧，全力予以保护。

眨眼间的工夫，一拨拨小艇从四面八方，像"饿狼"扑食般疾驰而来。

形状不同、大小不一的小艇时而聚拢、时而分散，向我被护船舶步步紧逼压近。

我目不转睛地注视着"狼群"的一举一动，身体紧紧贴着重机枪，仿佛那里有我厚重的安全感。

"3 海里""2 海里""1.5 海里"……

"进入一级反海盗部署！"10 时 5 分，"微山湖"舰进入战斗状态。随着指挥员一声令下，两发红色信号弹直冲云霄。然而，一群可疑小艇不顾警告，向我舰直冲过来，逼近至"微山湖"舰左舷 1 海里处。

"发射爆震弹、闪光弹！"指挥员邱和兴果断下令。但小艇仍置之不理。

10 时 39 分，冲在最前面的几艘小艇已接近至"微山湖"舰左舷。指挥员下令使用重机枪进行警告拦阻射击。

我迅速调整瞄准基线，锁定目标区域。"嗒嗒嗒……"枪声响彻海空之间，一道 3 米多高的白色水墙，阻拦在小艇前方。顿时，空气像是凝固了一样，来势汹汹的小艇迅即"刹车"，"狼群"骤然间杂乱无章，纷纷四散逃离。

或许是我舰战斗的架势强势，或许是重武器的亮相给予极大的威慑，小艇漂泊一小会儿，无趣地掉头逃去。

"微山湖"舰重新调整航向，护卫

着"振华9号"继续前行，并于当地时间3月21日清晨，将其护送至安全海域。

海军"舟山"舰副机电长刘峰
——您呼叫的用户已关机

人们都说：父爱如山。从小到大，父亲总能为我撑起一片天。

2010年9月，当得知自己将要随"舟山"舰第二次奔赴亚丁湾执行护航任务时，父亲语重心长地对我说："儿子，你是一名军人，军人有任务的时候怎么能退缩呢？我和你妈身体都还硬朗，你放心去护航，我们负责把家里照顾好！"

2010年11月2日，汽笛长鸣，战舰起航。

海上的时间过得很快，4个月的护航任务转眼就到了尾声。很久没有听到父亲的声音了，我赶紧拨通父亲的手机，电话那头却传来冷冰冰的"您呼叫的用户已关机……"

"妈，爸的手机怎么老打不通？"打了好几次都关机，我把电话打给了母亲。

"你爸的手机坏了，你有什么事我告诉他。等你回来给他买一个新的，这段时间就用不着打电话呢！"母亲在电话里说。

4月28日编队停靠新加坡时，为弥补对父亲的亏欠，我还特意为他买了一块手表。

"妈，你把电话给爸，我给他买了一块表，我想跟他说几句。"激动之余，我拨通了母亲电话。"他去工地上给人做饭了，找不到人，等你回来再给他个惊喜吧。"母亲又一次"打击"了我积极性。

5月9日，在完成护送38批578艘商船安全通过亚丁湾，武力营救"泰安口"轮，接护遭海盗袭击的"乐从"轮等任务后，我们胜利返回祖国了！

我赶紧拨通母亲的电话，一定要让父亲跟我说几句话，可是母亲还是"老话"一大堆，我又拨通了妻子的电话，她也总是闪烁其词。码头上的锣鼓声还没停下，我心中一种不祥的预感却愈发强烈。

在不断追问下，电话里终于传来了妻子哭泣的声音：爸爸3月29日时突发疾病走了，他临走前反复叮嘱我们，一定要等你回来才能告诉你……

（选自《人民日报》2011年12月23日）

深度思考 ★★★★★

中国"安全感"带给世界的启示

不久前，"中国有多安全"成为某

全球知名网络问答社区的焦点话题，网友点赞最多的一条留言是"非常非常安全"。在刷屏的网友留言中，"深夜敢独自出门""没有枪支泛滥""治安管理细"被频频提及。曾在中国生活工作过的外国朋友纷纷留言分享亲身经历，表示相比较生活过的其他国家，在中国的经历更安全、更放心。

的确，在一些西方国家枪击等恶性事件频发，民众对安全的担忧挥之不去之时，中国作为一个有着13亿多人口、幅员辽阔的发展中大国，长期保持社会大局稳定为世界瞩目。2017年，中国是全球命案发案率最低的国家之一，严重暴力犯罪案件比2012年下降51.8%，人民群众对社会治安满意度上升到95.55%。中国社会安定有序，人民安居乐业，越来越多的人认为中国是世界上最安全的国家之一，更有西方学者将社会大局稳定与经济高速发展并称为中国向世界展示的两大奇迹。

安全感背后，蕴含社会治理的哲理。社会治安状况从一个侧面反映出国家社会治理的水平与能力。人们共同见证，改革开放以来，尽管中国警力配备数字远低于世界水平，用于维护公共安全和社会稳定的支出与其他国家相比占国民生产总值比例很低，但中国在经历快速城市化和经济社会结构转型过程

中，不仅没有像世界多数国家那样受到高犯罪率困扰，反而以一种"低投入—高稳定"模式，用较低成本保障了社会和谐稳定。安全感如何保障？依靠的正是总揽全局、协调各方的领导优势，组织多个部门齐抓共管的体制优势以及动员群众共同参与的工作优势。

在西方之"乱"与中国之"治"的鲜明对比下，一些国家争相研究中国的社会治理模式，渴望从中找寻适合本国国情的安全治理之道。马来西亚副总理兼内政部长扎希德表示，作为一个有13亿多人口的国家，中国在过去几十年能够大幅降低犯罪率，是在管控安全和公共秩序方面取得的重大成功，希望中国考虑派遣官员与马来西亚分享其在处理治安和恐怖主义等问题方面的经验；南非国民议会议员扎克希尔·姆博希尔在随同（南非）议会警察委员会代表团赴中国学习治安实践回国后，在南非《马弗里克日报》撰文指出，中国治安的3方面优势有助于南非提高能力和效率，即确保并维持一支专业警察队伍、警务专门化以及对于高科技的广泛应用。

在办好自己事情的同时，中国亦在认真履行国际责任，积极参与并倡导国际执法合作和全球安全治理，为全球安全治理贡献中国方案。截至目前，中国

已与 113 个国家建立了密切的执法合作关系，搭建了 129 个双多边合作机制和 96 条联络热线，同 60 多个国家的内政警察部门签署各类合作文件近 400 份。2017 年 9 月，习近平主席在国际刑警组织第八十六届全体大会开幕式上宣布，中国将支持国际刑警组织在反恐、打击网络犯罪、打击新型有组织犯罪领域每年开展 3 次全球联合行动，为发展中国家培训 5000 名执法人员，为 100 个发展中国家援建升级国际刑警组织通信系统和刑事调查实验室，成立公安部国际执法学院并为发展中国家培训 2 万名执法人员。

恐怖主义、难民问题、网络安全、气候变化……2018 年，变乱交织的世界在充满不安中开年。来自中国的"安全感"，不仅是中国自身发展的有力保障，更是维护地区乃至世界和平稳定的坚定力量。

（作者：钟声；选自《人民日报》2018 年 2 月 5 日）

【思考】

外国朋友点赞的中国社会安全感源于哪儿？这份来自中国的"安全感"对世界发展有何启示？

十二　中国共产党与你一起在路上

这是一个古老的
而又朝气蓬勃的国家
这是一个快速成长
但发展不平衡的国家
这是一个充满机遇
却又面临无数挑战的国家
这是一个有 13 亿人口
每个人都有不同梦想的国家

（群众心声）
我想明年有个好收成
我想开个小饭馆
我想养老金能不能再多一点
我想娶个漂亮媳妇
我想天更蓝水更清
我想要大家都不打仗

人民对美好生活的梦想
就是我们的奋斗目标
8000 万中国共产党党员

与 13 亿中国人民一起
为了每一个人的梦想
为了给每一个梦想搭建一座舞台
为了每座梦想的舞台上
都有人生出彩的机会
都有梦想成真的快乐

汇聚每一份舞台上的精彩
凝聚成 13 亿的中国力量
创造一个又一个奇迹
迎接一次又一次挑战
追梦的路上
我们并肩前行
分享机遇
共迎挑战
超越差异
创造未来
中国共产党与你一起在路上

时代背景

南湖，红船扬帆去远航

它是中国共产党诞生的历史见证；
它是近代史上光辉的革命圣地；
它是新时代、新航程的精神传承。
90 多年前，嘉兴南湖中的一艘红船，见证了中国近代历史上开天辟地的大事——中国共产党的诞生。90 多年

浙江嘉兴南湖

后的今天，这片红船启航的热土，又在谱写新的篇章。

一叶扁舟，见证开天辟地

1921 年 7 月 23 日，中国共产党第一次全国代表大会在上海秘密召开。会议最后一天因受到巡捕搜查，一大代表们秘密转移到嘉兴，在南湖景区的一条游船上继续举行会议。会议审议、通过了中国共产党第一个纲领和第一个决议，选举产生了党的领导机构——中央局，庄严宣告中国共产党正式成立。从此，中国革命的航船从这里扬帆起航，乘风破浪，写下了全新的篇章。

多年以后，毛泽东同志这样评价"红船"上的这一幕历史："自从有了共产党，中国革命的面貌就焕然一新了。"

"红船是中国共产党的母亲船。"嘉兴南湖革命纪念馆馆长张志松说，"世上再没有第二条船，能像它一样享有如此尊誉。"

乘风破浪，红船驶向大海

90 多年，弹指一挥间，山河换新颜。

在嘉兴港乍浦港区，几百个大小不一的集装箱堆在这里等待转运。离码头不远处，杭州湾跨海大桥气贯长虹。1912 年和 1916 年，孙中山先生曾两次来到嘉兴，把在乍浦、澉浦建成"东方大港"的梦写进了宏大的《建国方略》。如今的嘉兴港，包括乍浦、独山和海盐 3 个港区，已成为国家一类对外开放口岸，也是全国唯一的海河联运港。江河联通，优势独特，将建设成为上海港、宁波港的重要辅助港和主要喂给港。

孙中山先生的梦想，在中国共产党人的手中正逐步变为现实。

海洋经济的号角已经吹响，嘉兴地处长江三角洲核心区域，交通区位优势明显。由平湖独山港区、嘉兴港区、海盐大桥新区组成的嘉兴滨海新区，正在扬帆起航。

随着港口规模不断扩大，高楼厂房拔地而起，这个小小的千年古镇经过华丽转身，已成为初具雏形的滨海新城。

红船精神，照耀千秋万代

阳光之下，南湖波光粼粼，红船熠熠生辉。

红船边，一位老人久久伫立。他是

工匠张来生，已 60 岁的他曾参与过五次红船的修复工作。看着自己亲手修复的红船停泊在南湖之畔，张来生感慨万千："能让瞻仰红船的游客看到一艘漂漂亮亮的红船，我心里比吃了蜜还甜。"

红船精神薪火相传，继往开来。嘉兴学院学生鲍晓琪参观完红船后，心情久久不能平静。"90 多年前，开天辟地的中国共产党在这里诞生；90 多年后，作为青年一代，我们有责任和义务，让'红船精神'源远流长。"

（作者：陆遥；选自《浙江日报》2011 年 6 月 21 日）

"红花的种子"何以撒遍中华

1927 年 4 月 28 日，李大钊就义前，慷慨陈词："不能因为你们今天绞死了我，就绞死了伟大的共产主义！我们已经

李大钊

培养了很多同志，如同红花的种子，撒遍各地！"

他的声音从未消逝，化为了激荡岁月的一个伟大预言。90 多年前，50 多粒"红花的种子"从暮霭沉沉的旧中国破土而出；今天，8000 多万"红花的种子"已经撒遍日新月异的中国大地，演绎着中国共产党的活力与传奇，诠释着党的优势与力量。

"红花的种子"播种在哪里，就能在哪里生根、发芽、开花、结果。在"红米饭、南瓜汤"的歌谣中，能听到萌动发芽的声音；在飞夺泸定桥的 22 勇士的无畏身影中，能看到顽强生长的画面；在"两弹一星"研制者"死在戈壁滩，埋在青山头"的豪迈誓言中，能感受到茁壮成长的力量；在小岗村的"红手印"里，在深圳敲响土地拍卖第一槌的探索中，能触碰到蓬勃有力的重生……

"红花的种子"为什么能生生不息，为什么能有如此神奇的"裂变"，为什么能有撒遍中华的强大生命力？

90 多年来，一代又一代"红花的种子"，有着坚定不移的理想信念、矢志不渝的奋斗目标、无私奉献的高尚情操、与时俱进的创新能力。正是这些具有优良基因、优秀品质的"先进"种子，激发出了突破黑暗生长光明、战胜困难走向希望的无穷力量，持续推动着历史前进。

毛泽东说过："我们共产党人好比种子，人民好比土地。我们到了一个地方，就要同那里的人民结合起来，在人

民中间生根、开花。""红花的种子"在成长壮大的 90 余年间，之所以能历经劫难依然生机勃发，沐浴风雨而益显风华，不仅在于自身"过得硬"，更在于根基"扎得牢"，扎在"土壤"深处，牢牢植根大地。人民群众用小米哺育了苏区、边区、解放区，用独轮小车推出了淮海战役的胜利，用创造精神催生和投入一系列改革开放实践……融入人民，依靠人民，服务人民，"红花的种子"找到了力量之源和胜利之本。

"种子"对"土地"的依赖是永恒的，"种子"与"土地"的交融是永远的。今天，400 多万个党的基层组织遍及城市、乡村，深入企业、社区，覆盖各阶层、各群体。它们如同盘旋交错于地下的发达根系，源源不断地从大地获得滋养，又用理想信念和火热实践凝聚"种子"和"土地"的力量。从带领群众致富奔小康的"领头雁"，到联系和服务群众的贴心人；从洪涝灾害中冲不走的"主心骨"，到特大地震中震不垮的党支部，无不涌动着党群、干群同心协力、坚强奋进的不竭动力。

"种树者必培其根，种德者必养其心。"在 90 余年的视野中，呈现的是一幅幅"红花的种子"从幼芽成长为参天大树、从独木发展为浩瀚森林的恢宏场景。在对未来的瞩望中，如何继承优良传统，发扬奋斗和奉献精神，永远保持干群血肉联系，以更加旺盛的生命力和创造力在中国大地上书写新的辉煌，依然是每一粒"红花的种子"须臾不可懈怠的历史使命。

（作者：张垚；选自《人民日报》2011 年 7 月 7 日）

时政之窗 ★★★★

弄潮儿向涛头立

——如何理解新时代中国共产党的历史使命

在上海一大会址重温誓词，在嘉兴南湖红船追溯初心……党的十九大闭幕仅一周，习近平总书记就带领新一届中共中央政治局常委，专程来到我们党梦想起航的地方，沿着早期共产党人的足迹，探寻我们党的根脉。这次回望和追寻，充分彰显了新一届中央领导集体为实现中华民族伟大复兴接续奋斗的强烈使命担当，赢得了广大群众的真心点赞。

中国共产党第一次全国代表大会会址

一、党的最高理想和最终目标

1921 年 6 月 29 日，老一辈革命家谢觉哉在日记中写道："午后六时，书衡往上海，偕行者润之，赴全国○○○○○之招。"为避免反动派搜查，用 5 个圆圈代指"共产主义者"。发端于上海石库门的"全国共产主义者之招"，吸引了无数优秀中华儿女义无反顾投身党的事业，矢志不渝为共产主义奋斗终生。

共产主义是人类最崇高的社会理想，寄托着人类关于美好未来的全部情愫和渴望。共产主义是一种科学思想，它的提出犹如一次壮丽日出，照亮了人类通向理想社会的康庄大道。共产主义也是一种现实运动，深刻改变了世界历史的走向，改变了亿万人民的悲惨命运，迎来了人类解放的光明前景。中国共产党一经成立，就把实现共产主义作为最高理想和最终目标，把为中国人民谋幸福、为中华民族谋复兴作为初心和使命。在 90 多年波澜壮阔的历史进程中，我们党始终把共产主义远大理想同国家前途命运统一起来，把共产主义坚定信仰同人民幸福生活紧紧联系在一起。

共产主义犹如磐石，是共产党人的崇高信仰。近一个世纪以来，共产主义始终是我们党须臾不可忘记的信仰，激励着一代又一代共产党人英勇奋斗。共产主义就像明灯，是实现民族复兴的科学指引。在共产主义的光辉旗帜下，中华民族从站起来、富起来到强起来的步伐更加激情豪迈、铿锵有力。共产主义好比愿景，是激励人们奋斗的美好向往。人民有信仰，国家有力量，民族有希望。

共产主义不是一蹴而就的，而是分阶段实现的，是一个由低级向高级不断发展的过程。我们坚持和发展中国特色社会主义，就是在社会现实中不断增加共产主义的因素，向人类崇高的社会理想不断靠近。要深刻认识共产主义远大理想和中国特色社会主义共同理想的辩证关系，不断增强"四个自信"，脚踏实地，接续奋斗朝着远大目标不断前进。

二、勇担民族复兴的历史重任

中华民族有 5000 多年的文明历史，创造了灿烂的中华文明，为人类做出了卓越贡献，成为世界上伟大的民族。鸦片战争后，中国陷入内忧外患的黑暗境地，中国人民经历了战乱频仍、山河破碎、民不聊生的深重苦难。为了民族复兴，无数仁人志士不屈不挠、前仆后继，进行了可歌可泣的斗争，进行了各式各样的尝试，但终究未能改变旧中国的社会性质和中国人民的悲惨命运。

1921 年，中国共产党登上了历史的舞台，从此，中国革命的面貌焕然一新，中国人民谋取民族独立、人民解放和国家富强、人民幸福的斗争就有了主心骨，中国人民就从精神上由被动转向主动。无数的共产党人义无反顾肩负起实现中华民族伟大复兴的历史使命，团结带领人民进行了艰苦卓绝的斗争，谱写了气吞山河的壮丽史诗。

在风雨如磐的革命岁月，"为有牺牲多壮志"是中国共产党人为民族解放使命担当的鲜明写照。经过 28 年的浴血奋战，我们党团结带领人民取得了新民主主义革命的胜利，推翻压在人民头上的帝国主义、封建主义、官僚资本主义"三座大山"，完成了民族独立和人民解放的历史任务，实现了中国从几千年封建专制统治向人民民主的伟大飞跃。

在筚路蓝缕的建设时期，"敢教日月换新天"是中国共产党人为国家建设使命担当的生动注脚。经过艰苦卓绝的不懈探索，我们党团结带领人民完成社会主义革命，确立社会主义基本制度，为当代中国一切发展进步奠定了根本政治前提和制度基础，实现了中华民族由近代不断衰落到根本扭转命运、持续走向繁荣富强的伟大飞跃。

在春潮涌动的改革年代，"会当击水三千里"是中国共产党人为国家富强使命担当的集中体现。进过锐意进取的改革创新，我们党团结带领人民开辟了中国特色社会主义道路，破除阻碍国家和民族发展的一切思想和体制障碍，使中国人民的面貌、社会主义中国的面貌、中国共产党的面貌发生了历时性变化。

"莽莽神州，已倒之狂澜待挽；茫茫华夏，中流之砥柱伊谁?"百年的使命担当，百年的奉献牺牲，百年的砥砺前行，百年的沧桑巨变，以无可辩驳的事实向世人证明，中国共产党无愧于历史、无愧于人民、无愧于时代，是实现中华民族伟大复兴历史使命的合格担当者! 只有回看走过的路，比较别人的路，远眺前行的路，弄清楚我们从哪儿来，往哪儿去，很多问题才能看得深、把得准，才能创造新的辉煌。

三、为民族复兴的接续奋斗

1930 年，毛泽东同志在《星星之火，可以燎原》中写道："他是站在海岸遥望海中已经看得见桅杆尖头了的一只航船，他是立于高山之巅远看东方已见光芒四射喷薄欲出的一轮朝日……"今天，我们比历史上任何时期都更接近、更有信心和能力实现中华民族伟大复兴的目标。这个伟大梦想，是已经看得见桅杆尖头的航船，是已见光芒四射喷薄欲出的朝日。越是接近目标越需要再接再厉，全党为了实现中华民族伟大复兴必须统筹推进"四个伟大"，为之付出更为艰苦的努力。

腊子口战役纪念碑

伟大斗争逐梦。"看似寻常最奇崛，成如容易却艰辛。"实现中华民族伟大复兴，是一条充满风险、面临挑战的拼搏之路。前面还有许多"雪山""草地"等待我们去跨越，有许多"娄山关""腊子口"需要我们去征服，任何贪图安逸、消极懈怠、回避矛盾的思想和行为都会使实现梦想的努力功亏一篑。我们要充分认识具有许多新的历史特点的伟大斗争的长期性、复杂性、艰巨性，以昂扬的斗志和无畏的精神，做到"五个更加自觉"，不断夺取伟大斗争新胜利，为通往伟大梦想铺就一条壮阔坦途。

伟大工程筑梦。在近百年的筑梦路上，中国共产党始终是实现中华民族伟大复兴的先锋和脊梁。历史已经证明并

将继续证明，没有中国共产党的领导，民族复兴必然是空想。实现伟大梦想是一项长期而艰巨的历史任务，对我们党提出了全方位、整体性的挑战。这就要求我们深入推进党的建设新的伟大工程，不断增强党的政治领导力、思想引领力、群众组织力、社会号召力，把党建设得更加坚强有力。唯有如此，我们党才能在新的历史征程中交出优异的答卷，谱写民族复兴更加辉煌的篇章。

伟大事业圆梦。经过改革开放以来的不懈努力，中国特色社会主义在中华大地生根发芽、开枝展叶，收获了累累硕果，创造了一个个彪炳史册的人间奇迹，使古老中国焕发出勃勃生机，使中国人民前所未有地接近民族复兴伟大梦想。抚今追昔，我们由衷地感到，这条道路是通往美好生活的必由之路，这个理论体系是照亮前行方向的耀眼灯塔，这套制度是保障发展进步的坚强守护，这种文化是凝魂聚气的精神纽带。我们有理由也必须坚定中国特色社会主义道路自信、理论自信、制度自信、文化自信，不为任何风险所惧，不为任何干扰所惑，使中华"复兴号"列车始终沿着正确的轨道前进。

伟大斗争、伟大工程、伟大事业、伟大梦想，紧密联系、相互贯通、相互作用，是一个有机统一的整体。伟大梦

想指引正确方向，为伟大斗争、伟大工程、伟大事业提供航向导向；伟大斗争昭示担当精神，为伟大工程、伟大事业、伟大梦想扫除障碍、提供牵引；伟大工程锻造领导力量，为伟大斗争、伟大事业、伟大梦想提供坚强保证；伟大事业宣示道路旗帜，为伟大斗争、伟大工程、伟大梦想开辟前进路径。在"四个伟大"中，起决定性作用的是党的建设新的伟大工程。在新时代，我们要把伟大斗争、伟大工程、伟大事业、伟大梦想贯通起来理解，协同起来贯彻，在坚持和发展中国特色社会主义伟大实践中不断创造新的辉煌业绩。

万水千山不忘来时路，树高千尺根深在沃土。从一叶扁舟到巍巍巨轮，从数十名到8000多万党员，即将跨越百年的中国共产党恰是风华正茂。只要不忘初心，牢记使命，顽强奋斗，永远年轻的中国共产党就一定能团结带领亿万人民，掌舵"中华号"巨轮劈波斩浪，胜利驶向美好的未来。

（选自人民网2018年2月26日）

生活观察 ★★★★★

幸福都是奋斗出来的

2018年新年前夕，国家主席习近平通过中国国际广播电台、中央人民广播电台、中央电视台、中国国际电视台（中国环球电视网）和互联网，发表了新年贺词，其中最让人印象深刻的是"幸福都是奋斗出来的"这句话。

"幸福都是奋斗出来的"，成绩都是奋斗而来。2017年，国内生产总值迈上80万亿元人民币台阶，城乡新增就业1300多万人，社会养老保险已经覆盖9亿多人，基本医疗保险已经覆盖13.5亿人，又有1000多万农村贫困人口实现脱贫。这些成果的取得是全国人民团结一心、众志成城、砥砺奋进、共同奋斗的结果。正因为有全国人民的共同奋斗，2017年画上了圆满的句号。

"幸福都是奋斗出来的"，新时代需要全体人民共同奋斗。2017年10月，党的十九大隆重召开，擘画了未来三十多年国家的发展蓝图。到2020年全面建成小康社会，到2035年基本实现社会主义现代化，到本世纪中叶建成富强民主文明和谐美丽的社会主义现代化强国，美好的蓝图已经绘就。美好的蓝图不是轻轻松松、敲锣打鼓就能实现的，全体人民应当团结一心，继续前进。每位国民都应该为建设新时代中国特色社会主义、实现中华民族伟大复兴的中国梦贡献力量。

"幸福都是奋斗出来的"，奋斗不

能急于求成，要脚踏实地。当下，我们有更多的信心和能力实现中华民族伟大复兴的目标。实现复兴伟业，饭要一口一口吃，路要一步一步走，不能跨越阶段。社会主要矛盾发生转变，但我国依然处于社会主义初级阶段，我国依然是世界上最大的发展中国家。立足当下实际，稳扎稳打，步步为营，一步一个脚印，一步一个台阶，做好当下的事情，才能逐渐实现我们的梦想。"空谈误国，实干兴邦"，我们不能光做语言上的巨人，更要做行动上的巨人。人人拿出行动，立足本职岗位实干、苦干、巧干，才能实现民族复兴的伟大梦想。

"幸福都是奋斗出来的"，幸福的社会人人尽责、人人享有。中国共产党人的初心和使命就是为中国人民谋幸福，为中华民族谋复兴。中国共产党是全体人民的主心骨，引领着全体人民朝着民族复兴的目标前进。幸福不会从天上掉下来，人民群众有着对美好生活的憧憬，实现更平衡更充分的发展才能满足人民日益增长的美好生活需要。实现美好生活，建设幸福社会，每个人都是亲历者、见证者、建设者、享有者。做大做强做优了发展蛋糕，每个人发得的蛋糕才能更多，分到的蛋糕满足自身口味的可能性才大。人民群众是历史的创造者。人人尽职尽责，尽善尽美，幸福

才能如期而至。

"幸福都是奋斗出来的"，还在等什么，为了新的一年的美好前景，为了新时代的美好前景，一起奋斗吧！

（作者：李兆清）

种子的使命是扎根大地

"生命的高度绝不只是一种形式。当一个物种要拓展其疆域而必须迎接恶劣环境挑战的时候，总是需要一些先锋者牺牲个体的优势，以换取整个群体乃至物种新的生存空间和发展机遇。共产党员就是这样的先锋者。"钟扬说。

钟扬

钟扬生前是复旦大学研究生院院长、生命科学学院教授，同时，也是优秀的共产党员。2017年9月25日凌晨5点多，在赴机场赶飞机的途中，一场意外的车祸，让他的生命永远定格在了53岁。他一生致力于盘点西藏生物家底和为祖国培养后备生物人才，是一名真正的先锋者。

"加班再晚，离开办公室时，都能

看到钟老师的灯亮着。现在，他的灯不再亮了，但他点亮了我们每个人心中的灯。"谈及复旦大学生物学家钟扬，很多人都难掩悲痛。"追梦者""先锋""钟大胆"……虽然雪域高原不再有他的身影，但他已经埋下了改变世界的种子。

钟扬曾把自己比作裸子植物，像松柏一样，生长得慢却刚直遒劲。从藏北高原到藏南谷地，从阿里无人区到雅鲁藏布江，钟扬和他的团队足迹跨越4000米海拔的高度落差，每年至少走30000千米，忍受着各种高原反应，在人类盲区里寻找生物进化的轨迹，采集了上千种植物的4000万颗种子。生命健康风险也好、物质生活简陋也好、学术成果评奖也好，他都置诸脑后，只是用53年的时间，做了别人100年才能做出的事情。

"一个基因可以拯救一个国家，一粒种子可以造福万千苍生。"全球气候变暖和人类活动，导致了一些植物灭绝，种质资源事关国家生态安全，事关整个人类未来。钟扬和他的团队，以扎根般的钻劲，不畏艰辛，默默耕耘，只是为了给人类保留下更多、更全的种子。前后16年，一步步、一株株，铭刻下的不仅是植物的图谱，更是人的生命哲学。认准一个目标、甘于寂寞、奋

力沉潜、认真敬业，钟扬为人们描摹出新时代科研工作者应有的精神气质。

他是生物学家，也是教育家。种子库的贡献不必多说，钟扬还培养了众多学生，包括许多藏族学生。同事眼中的钟扬，"始终在为别人、为社会、为时代做事"，是"一个追梦者"。学生眼中的钟扬，"总是见缝插针地工作"。33岁时已是副局级，却调入复旦当了一名普通教授，有人不理解，他笑称自己"天生要做老师"。用生命去呼吸、行走、工作，钟扬的科学精神、奉献精神、敬业精神，也如种子一样，播撒进了无数人的心田。

复旦大学2013年拍摄的《党员说》微视频，这样描述钟扬："一名党员，就是甘于成为先锋者，向更高的高度攀登；就是愿意把生命最宝贵的时光，献给祖国最需要的地方。"的确，他生命的大书中，写着一个关键词：祖国。科学无疆界，但科学家有祖国，无数科学家以学术成就许党许国。犹记20世纪50年代初，一心想回国的钱学森面对美国政府的阻挠，在法庭上义正词严地宣告："我的一腔热血只图报国。我的根在中国。"今天的科学家，传承着这份家国情怀，以热爱祖国、热爱科学、教书育人、无私无畏、勇挑重担、忘我工作、献身边疆、甘于奉献的

精神，感召着无数后来者为祖国贡献出自己的光和热。

从信息科学到生命科学，世界正处于新一轮科技革命的前夜，一场抢占未来发展制高点的科技竞赛，早已悄然拉开帷幕。中国进入新时代的高质量发展，需要更多科研工作者提供更多智力支持。科学家的舞台在新时代，科学家的事业在新征程。像钟扬这样，把自己的命运与这个伟大的国家、这个伟大的时代紧紧连在一起，就一定能让种子在祖国的大地生根发芽，开出绚丽的生命之花，收获人生最丰硕的果实。

（作者：黄策舆；选自《人民日报》2018年1月26日）

深度思考 ★★★★★

以永远在路上的奋发姿态书写时代答卷

在2018年1月5日举行的学习贯彻党的十九大精神研讨班开班式上，习近平总书记向全党同志强调："时代是出卷人，我们是答卷人，人民是阅卷人。"新时代的命题、历史的责任，提醒着每一名党员要以永远在路上的奋发姿态，用信仰、忠诚、奋斗和奉献，书写共产党人的时代答卷。

一部近百年中共党史，就是一代又一代共产党人不停赶考、不断答卷、接受人民评卷的历史。在这奋进的路上，有艰险，有荆棘，有奋斗，有牺牲，但我们党始终以"为有牺牲多壮志"的豪气，书写着绚丽的时代答卷。

97年前，我们党在救国救民的道路上书写答卷。在内忧外患、山河破碎、民不聊生的中国，"三座大山"压迫着中国，日本帝国主义侵略着中国，中国共产党昂首成立，红军长征、抗日战争、解放战争，共产党人克服千辛万苦、走过千山万水、历经千难万险，带领中国人民完成了站起来的答卷。从此，中国人民有了主心骨，民族复兴有了领路人。

69年前，我们党在富国富民的道路上书写答卷。毛泽东带领中国共产党人升起了五星红旗，跳出"历史周期律"，迈上了社会主义康庄大道。40年前，我们党继续践行富国富民的伟大实践，邓小平领导全党全国人民实行改革开放，中国步入了全面改革开放的新时期，综合国力大大增强，人民生活日趋提高，全面小康社会奋力迈进。

党的十八大以来，我们党在强国强民的道路上书写答卷。习近平领导全党全国人民继续新长征，怀揣着"为人民谋幸福""为民族谋复兴"的初心，推动中国特色社会主义进入了新时代，在全面建设社会主义现代化国家新征程的起点上，向着"两个一百年"的中国梦进发，以永远在路上的姿态"赶考""答题"。

书写时代答卷，必须坚定信仰。在我们党90多年的奋斗历程中，无数共产党人不惜流血牺牲，靠的就是马克思主义信仰，为的就是共产主义理想。方志敏烈士在英勇就义前，慷慨陈词："敌人只能砍下我们的头颅，决不能动摇我们的信仰！"在和平建设时期和改革开放新时期涌现出的雷锋、王进喜、焦裕禄、谷文昌、孔繁森、杨善洲、黄大发等一大批先进模范人物，他们之所以能够勇挑重担，无私奉献，在平凡的岗位上做出不平凡的业绩，就是因为他们有坚定的信仰信念。在中国特色社会主义进入新时代中，我们必须坚定信仰信念，坚定"四个自信"，补足"精神之钙"，加强"信仰之修"，熔铸"信念之魂"，切实增强"四个意识"，在任何时候、任何情况下都经得起各种风浪的考验，做到政治信仰不变、政治立场不移、政治方向不偏，做思想上的"明白人"、政治上的"清醒人"。

书写时代答卷，必须坚守为民。实践证明，检验中国共产党执政"考试"合格与否的"考官"，不是别人，就是中国最广大的人民群众。人民群众拥护不拥护、赞成不赞成、高兴不高兴、满意不满意就是"考试"评价的最高标准。加快实现"两个一百年"奋斗目标是我们党孜孜以求的发展方向。十九大描绘了全面建成小康社会、加快推进社会主义现代化强国的宏伟蓝图，发出了向实现"两个一百年"奋斗目标进军的时代号召。我们必须始终牢固树立群众观念、公仆意识，切实在心中筑牢人民群众这个根基，把党同人民群众的血肉联系体现在权为民所用、情为民所系、利为民所谋上，为"赶考"奠定坚实基础、获得不竭动力。我们要紧紧围绕群众最关心最直接最现实的利益问题，想群众之所想、急群众之所急、解群众之所困，多想办法，多出实招，多办实事，让人民群众在发展中共享改革的红利，让新时代的发展更有力度、更具温度。我们必须时刻敬畏人民群众，努力践行党的宗旨，实现对人民的庄严承诺，做到"任何时候都要把人民利益放在第一位，始终与人民心连心、同呼吸、共命运，始终依靠人民推动历史前进"。

书写时代答卷，必须坚持尚廉。我们党作为执政党，面临的最大威胁就是腐败。这样的警钟，应当时时敲响在我们的内心。对于每一位党员干部来说，贯穿一生的大考题就是，能不能崇清尚廉，永葆拒腐蚀、永不沾的政治本色，练就金刚不坏之身。我们要严守党的政治纪律、组织纪律、工作纪律、群众纪律和廉政纪律，坚决贯彻中央八项规定，正确对待权力和地位，做到干净用权、谨慎用权、秉公用权。认真对照廉洁自律《准则》《纪律处分条例》，自觉接受党组织监督，对标"三严三实"，经常翻一翻党章党规、想一想入党誓词、经常做一做"政治体检"、扫一扫"政治灰尘"，打好廉洁"防疫针"、筑牢腐败"防火墙"，把住操守、抵住诱惑、耐住寂寞，真正做到敬终如始、不忘初心。我们要实干苦干，不务虚功，夙兴夜寐，勤奋工作，以一流业绩回报党和人民的信任和重托。

1949 年 3 月 23 日，党中央离开西柏坡前往北京，毛泽东同志意味深长地说："今天是进京赶考的日子。"2018 年 1 月 5 日，习近平总书记指出："时代是出卷人，我们是答卷人，人民是阅卷人。"面对新的伟大时代，中国共产党人要不忘初心、牢记使命，砥砺心性、继续前进，在实现"两个一百年"奋斗目标的大考中经受考验，交出人民满意的新的时代答卷。

（作者：丁新伯、王宇；选自《人民日报》2018 年 1 月 11 日）

【思考】面对新的伟大时代，中国共产党人应如何交出人民满意的新的时代答卷？